OHSAMA BUNKO

運気を上げる結界の張り方

エスパー・小林

JN148603

三笠書房

はじめに

自分によい運を呼び込む「結界の張り方」

身近にある「悪しきもの」をはね返し、自分によい「運」を呼び込むためには、どのようなことに気をつけて生きていけばよいのか——。

本書は、多くの人が関心を持つだろう、**自分の運気を守り、運勢を上げていくための「結界の張り方」**についてお伝えしていく一冊だ。

ご存じの方もいらっしゃるだろうが、私は霊能者であり、**「現代の呪術師《じゅじゅつし》」**との評価をいただくこともある。

仕事の大きな柱は、人や土地に憑《つ》いた霊障《れいしょう》を祓《はら》う「除霊」と、霊視を用いた「開運相談」だ。依頼があれば「特殊気功」を用いて、体やメンタルへの癒《いや》しを与えることもある。

こうしたことを私は四十年近く続けてきたが、近年、特にコロナ禍の時期から、

「人生を見つめ直し始めたのだが、アドバイスが欲しい」

という鑑定依頼が不思議なほど増えた。


人間の悩みとは、「人間関係でいざこざを抱えている」「仕事で評価されない」など、いつの時代も変わらないようだ。

そして、自分の人生に不満だらけの人たちには、たいてい共通点がある。

わかりやすいところで言えば、表情が暗い、部屋が片づいていない、愚痴ばかり言っている……などだ。そして、自分を守る強さ、自信がないから、まわりの邪気をはね返すことができない。


一方、「この人は運がいいな」「仕事も順調そうだ」「人間関係に恵まれて、生き生きしている」という人にも共通点がある。

何ともいえず人柄がさわやかで、声には張りがあり、目には光がある。いつもいい友人に囲まれていて、謙虚で義理人情にあつい……など。

「そんなことが結界と、どう関係があるの？」

と思うかもしれない。

しかし、まさに「大あり」なのだ。

外見、身につけるもの、口にする言葉、出かける場所、友人関係、生活習慣、内面性、住環境――これらはすべて、あなたを守る「結界」にもなれば、あなたを不運に突き落とす原因にもなる。


「最近、あまりうまくいかないことが続いている」

という人は、私がこれから紹介する結界法を、ぜひ試してみてほしい。

あなたの運勢を強くするのに、きっと役に立つはずだ。

エスパー・小林

もくじ

1章 運気のいい人には「結界」が張られている

2章

「その場所」に結界を張る方法

3章

結界は目で見える

4章 「環境のパワー」をいただきなさい

5章

あの人との間に結界を引くには

6章
最強の結界とパワースポット

編集協力　宇都宮ゆう子

1章

運気のいい人には「結界」が張られている

結界とは何か

「結界」という言葉を聞いて、あなたは何を思い浮かべるだろうか。

人気のアニメや映画を連想する人がいるかもしれないし、陰陽師《おんみようじ》・安倍晴明《あべのせいめい》を思い起こす人もいるかもしれない。

ご存じの通り、安倍晴明とは、平安時代・藤原道長の世の陰陽師だ。

当時の陰陽師は、古代の役人としての役割から変わり、呪術や祭祀《さいし》を取り仕切る存在となっていた。

特に当時、権力を思うままにしていた藤原道長に重用された晴明の活躍ぶりは、今も『今昔物語』や『古今著聞集《ここんちよもんじゆう》』『宇治拾遺物語《うじしゆうい》』などの説話集で読むことができる。

その「超人」ぶりは、たとえば、

・一条天皇の病を治した
・道長を呪術師の呪いから救った
・雨乞いによって、人々を干ばつから救った
・石清水八幡宮《いわしみずはちまんぐう》につながる階段の一段ごとに異なる花を咲かせた

など数知れない。

安倍晴明が駆使した「式占《しきせん》」は、紀元前の中国の占術の一種で、「式盤《しきばん》」という用具を用いる占いだったとされる。唯一現存するとされる安倍晴明の著作『占事略決《せんじりゃつけつ》』には、その占術論と応用法が書かれている。

亡くなった二年後には、一条天皇が晴明の偉業を讃《たた》えて晴明の屋敷跡に晴明神社を創建しているが、今も参拝する人の列が絶えないこの京都・上京区にある晴明神社のシンボルが、有名な「**五芒星**《ごぼうせい》」だ。

五芒星は霊的バリアを張り、邪気をはね返す「魔除《まよ》け」として利用されている。

この魔除けとは、まさしく結界のひとつであり、後世の江戸城や姫路城、金沢城の石垣にも、この五芒星が刻まれている。

なぜ陰陽師・安倍晴明がもてはやされるのか

ここまで、結界についての第一人者のように安倍晴明について述べたが、実は、「霊能力者」としての安倍晴明を、私はさほど評価していない。

だからといって、存在を軽んじているわけではない。晴明をテーマにした映画や漫画などが人気を博して、「陰陽師」という言葉はポピュラーになったし、実際、陰陽道の「術」が現代にも残されることになった。

安倍晴明がもてはやされる以前は、彼のような不思議な術を使う能力者は「行者《ぎょうじゃ》さん」などと呼ばれ、泥臭いイメージが強く胡散臭《うさんくさ》く受け止められがちだった。

一方で「陰陽師」というスタイリッシュな響きの言葉は、こうした世界に馴染《なじ》みのない人たちにも耳やさしいと思う。

だが、彼の姿が描かれた絵を視《み》ても、霊能者の特徴を感じ取ることはできない。霊視しても「優秀なお役人」という印象しか受けなかった。

しかし、朝廷の役所である陰陽寮《おんようりょう》で頭角を現わし、陰陽博士や天文博士として帝《みかど》や貴族たちから重用されたという点では、**素晴らしい運気の持ち主**だったのだろう。それは彼が女性たちにもて、多くの子孫を残していることからも推察できる。

人々は「結界」を必要としてきた

そもそも「結界」とは、何だろうか。

「結界」とは仏教でいう、ある空間を内側と外側に分ける境目のことである。外部から災いを招かないための線引きをする、という意味でとらえている方も多いだろう。

誰もが、隣家との境には塀《へい》を立てたくなるものだ。自分の土地・家屋に、勝手に他人に入り込まれたら、たまったものではない。

安心して暮らすには、静かな環境で治安がよく、隣人とのいざこざなどないに越したことはないだろう。だからこそ昨今は、昔のような隣近所とのつき合いも薄くなり、隣が何をしている人なのかすら、知らないこともある。

しかし現代は、住んでいる場所さえ守っていればいいわけではなくなった。SNSをはじめ、さまざまなところから思いがけず飛んでくる不愉快な出来事へのバリアが必要な時代になっている。

そして、コロナ禍の「人との接触はできるだけ避ける」など、これまでの人間関係作りの基本が根本から覆《くつがえ》る時間を経験した今、周囲の人々とのつき合い方に悩む場面も増えているだろう。

自分では当然と思った行動や、よかれと思って言ったことでも、誰かを傷つけてしまっている恐れもある。人の気持ちに繊細な人ほど、そんなことに陥《おちい》るのを恐れ、人間関係に一歩踏み出せない。

でも、大丈夫だ。

知らないところで人から反感を買ってしまったり、急に態度を変えられたり……たとえ、そんな状態に陥っても、強く生きる術《すべ》がある。

自分のまわりに「結界」を張ればいいのである。

外敵から「自分を守る」ための必須ノウハウ

歴史を見渡しても、さまざまな形で襲ってくる「外憂」に対して、当時の人々は必死に結界を張り、闘ってきた。

どんな時代にあっても、人は外敵から自らを守るために、知恵と工夫をこらしている。

いうならば、**「結界」を張ることは、生きていくための必須のノウハウ**だったのである。

そんな「結界」の考え方を広くとらえれば、単に壁を作って外敵に対抗するだけでなく、自らがもっと強くなって、外敵を近づけないことも効果大である。

隙《すき》を見せれば、つけ込まれる。

しかし、隙のない構えや身なり、メンタルを見せれば、よからぬ考えを持つ者も簡単に手出しをすることをためらうに違いない。また、自分が強力な仲間の集団にいれば、一目置かれるだろう。

このように、**自らを強くし、強く見せることも「結界を張ること」になる。**

外敵から身を守るために、さまざまな方法で張られてきた「結界」――。

そこには、現代にも通じるやり方もある。人との関係が難しい時代だからこそ、自分をしっかり守り、自分を強くする方法が求められているのだ。

「邪気を祓う」ために

身のまわりによくないことが起こると、「お祓いに行かなくては」という気になるものだ。

心身につらいことがあるときには、「悪いものが寄ってきませんように」とお祈りする人も多いだろう。

ここでいう「お祓い」とは、まさしく邪気を祓うことだ。

新しい年の初めに、

「今年こそ、いいことがありますように」

とお参りをするのも、これからの一年が邪気に取り込まれることがないように願うことの表われだ。

✻「縄張り」とは目に見える結界

いい運をつかむためには、外部からやってくる嫉妬《しっと》や恨《うら》みなどを祓っていくことが必要になる。

誰もが自分のテリトリーに侵入してくる異物には、嫌悪感を示すものだ。

「縄張り」という言葉があるが、これは、もともと「ここは自分の陣地だ」と土地に縄を張って、外部との境界を示すことから始まった言葉だという。

よからぬ集団に対して「俺たちの縄張りに入ってくるな」と主張するのも、彼らにとって**縄張りがまさしく「目に見える結界」**だということだ。

結界とは、邪気をはね返すために張られるものだ。

しかし、邪気は必ずしも「外部からくるもの」ばかりではない。

「外部からくるもの」と「自分の内面からくるもの」がある。

自分が整ってさえいれば、面倒な人や案件と関わることなく、それらをはねのけるオーラを出すことだってできる。また、謙虚であることで人からの悪い念を受けない**「精神的な結界」**を張ることができる。

面倒な相手に対しても、弱みを見せず、たとえば、目線を合わせないことだって、邪気から身を守る立派な結界の張り方のひとつになるからだ。

不運に襲われることのないよう、自分の心身を浄化するのも、お祓いの目的なのである。

自分でできる「邪気の祓い方」

「肩の荷をおろす」という言葉がある。

自分が抱えていた義務や責任を果たし、負担から解放されてホッとした気持ちになるという意味だ。

仕事や家族のこと、お金のことなど、いろいろ気をつかうことばかりの忙しい毎日の中、「もう、肩の荷をおろしたい」という気持ちにもなる。

これは言い換えれば、「肩に乗った邪気を祓いたい」と願っていることでもある。

しかし、すべてを放り出すわけにはいかない。

では、心の平穏のためには何をすればいいのか。

詳しくは、これから本書で検証していくが、すぐにできること、実はすでにやっていることがたくさんある。

✻古来、「魔除け」とされてきたもの

たとえば、アロマテラピーがある。**「香りの力」**だ。

いい香りにつつまれることで、心の安らぎを得ようとする人がたくさんいるだろう。

これはまさしく邪気を祓う行為といえる。古来、お香を焚《た》いてその香りで自分や周囲を浄化する方法がとられてきた。

「盛り塩」をする人もいる。

これは、塩には浄化作用があるからだ。

大相撲の力士が土俵で塩をまくのも、葬儀後に塩をつかうのも、この浄化作用の力を活かすことから始まっている。邪気を祓う効果が、現代にも儀式として伝えられているのである。

水にも**「禊《みそぎ》」の効果**がある。

滝にうたれる滝行や、冬の冷たい海に飛び込む寒中水泳も、無病息災を願うお祓い効果を得るためである。

この水の禊効果を見れば、私たちだって日々の入浴もシャワーで済ませるよりは、湯船に浸《つ》かるほうがお祓い効果のためにはいいだろう。

お風呂は、体を清潔に保ち、体温を上げるだけのものではない。その日一日の邪気を祓えることも、見逃せない効果なのである。

「音をたてる」ことも、邪気を払いのける方法のひとつだ。

鈴の音は古くから「魔除け」とされてきた。

夏の風物詩の風鈴も、昨今は騒音のひとつとされてしまう世の中だが、涼しさの演出というだけでなく、魔除けを願っての風習だといえる。

仏壇でチーンと澄み切った音を鳴らす「おりん」も、祖先に守ってもらうためのお祓いの行為だろう。

神社でいただく**「お守り」**も結界を作る道具といえる。

お守りに身代わりになってもらうことで、災難を防ぐ力が得られるのだろう。

交通安全、家内安全、身体健全、商売繁盛……さまざまなお守りを求める気持ちは、結界を求める心の表われだ。

コロナ禍で脚光を浴びた、疫病を防ぐとされる「アマビエ」も、災いに対しての結界の力を昔の人が求めていた証拠である。

「香り」「塩」「水」「音」……これらは、古来「魔除け」とされてきた。

「魔除け」とは結界を張る具体的な行為でもあるわけだ。

「結界の張り方」を間違えてはいけない

結界は、「ただ、張ればいい」というものではない。

うまく張れれば、自分を守り、運気を強くすることができる。

しかし、張り方によっては、失敗というケースもある。

張り方を間違えればどうなるか。

まず、隙だらけの張り方では、外からの邪気を祓うことができず、徒労に終わってしまう。

一方、張り方しだいでは、巡ってくるチャンスを拒絶する結果になってしまうだろう。

よく目にするのが、知らず知らずのうちに運や人を寄せつけないような結界を張っている、というパターンだ。

もし、人が近づきたがらないような結界の中にいるのだとしたら、そこからすぐに脱出しなければならない。

「いい話」まではね返してしまう無用な結界

こんな人に覚えはないだろうか。

こちらが胸襟《きょうきん》を開いているのに、警戒感がありありな人。

趣味のことなどの話題で盛り上がっているのに、何の自己開示もしない人。

こういう人とは一緒にいても楽しくないので、だんだん敬遠したくなるものだ。

その人は周囲に無用な結界を張っている状態にある。そんな人に誰もいい話など持っていくはずがない。

一方で、一見、親しみやすいウェルカムな態度でいても、その足元が散らかっていたり、汚れていたりしたら、誰だってあまり近づきたくないものだ。

タバコが苦手な人にとっては、喫煙所は近づきたくないところというのと同じだろう。

当の本人は気づいていないのだろうが、これもよくない結界を張っているのと同じことである。

この延長上に住まいがある。

「どうせ仕事から寝に帰るだけの場所なのだから、住むのはどこでもいい」などと言う人がいるが、とんでもない話である。

私が住まいの購入や引っ越しについていろいろアドバイスをするのも、その**環境によっては、いい結界を張ることができない**のがわかっているからだ。

自分が住むところを、便利さや金銭価値だけで決めてはいけない理由がここにある。

自らよくない結界を張って自分を苦しめてはいけない。だからこそ、結界について学ぶことが必要なのである。

「ルーティンワーク」があなどれない理由

私は、除霊の依頼を受けて依頼者のところへ向かうまで、自分が決めた手順、ルーティンワークに則《のっと》って行動している。私にとってこの「決まり事」は、霊能者として最大の結界だと思っている。

積年の恨みつらみの念が場を支配する「祟《たた》り」に立ち向かうのは、どれだけ経験を重ねても恐ろしいものだ。常にうなじに日本刀を当てられているような感覚があり、少し気を抜くだけで命を取られそうな緊張感がある。

実際、祟り事に破れて引きずられ、事故死したり衰弱死したりした同業者を何人も知っている。

だからこそ、出発時から自分のペースで自分のルール通りに意識して物事を進める。

たとえば、除霊に向かうときの下着や靴下は、必ず私のラッキーカラーの青か黄色だ。そして腕には、お気に入りの時計の中でも自分が最もいいパフォーマンスができたと感じたときのものをつける。

ジャケットなどのアウターが必要な季節なら、必ずフード付きの防水の服。カバンはリュックタイプのもので、中にはあらゆる事態を想定して常備薬と緊急用の薬、さらに栄養剤を一本入れておく。

地方に向かう場合は、新幹線だと必ず品川駅から乗る。そして、すぐにお弁当売り場に向かい、大きいサイズの麦茶とトンカツ弁当を買う。

品川駅は弁当売り場が充実しているが、ゲン担《かつ》ぎで必ず「カツ」。ロースがあれば、ロースのものを選ぶ。カツは自分の中でも、

「これを食べておけば、絶対失敗しない」

という安心感がある。そして新幹線の車内では、必ず耳栓をし、スマートフォンをリュックの中に入れる。なるべく音を遮断するためだ。

さらに席は窓際を選び、ボーッと車外を見るか、目を閉じて依頼主と案件に向けて神経を集中させる。

服装から始まり、こういう**ルーティンは大事**だと思っている。

「だから、大丈夫だ」

という自信と自分を鼓舞することにつながるからだ。こうして私は最大限のパフォーマンスを発揮してきた。おかげで難しそうな案件でも、失敗したことはない。

✵「異変に気づく直感」の磨き方

逆にいうと、その辺を散歩しに行くように除霊に向かうのは、完全に自殺行為だ。死にに行くようなものだと思っている。たまに、

「心霊スポットに行ってから様子がおかしい。除霊してほしい」

という依頼を受けるが、銃弾が飛び交うど真ん中にフラフラ遊びに行ったら、撃たれて当たり前だろうと呆《あき》れる。

「君子、危うきに近寄らず」という言葉があるが、わざわざ自分の結界を破られに行

くようなシチュエーションに身をおくなど、バカな行為としか思えない。

　私ですら、心霊スポットには仕事以外で行ったことがない。仕事だからこそ祟りのある場所に向かうが、仕事でもなければ絶対に近づかない。

　それは街を歩いていても同じだ。電車に乗る際も、少しでも「嫌だな」と感じたら、すぐさま車両を移動するほどだ。


「いつも変わらず行なっていること」があるから、ちょっとした異変に気づき、大きなトラブルを防げるということは、納得される読者も多いと思う。

　私のような特殊な職業に限らず、営業であれ、経理であれ、教職であれ、医療者であれ、どんな仕事・職種に就いていても実感できるだろう。

　ルーティンワークとは、「最小限の労力」でマイナスエネルギーから自分を守ることのできる結界術であると言い換えることができるかもしれない。

結界の強化に必要不可欠なもの

さて、私の仕事は、完全に体が資本だ。

体調が悪くても無理をすればやれないこともないが、依頼者に対して最大のパフォーマンスを発揮する自信がないようなときは、仕事をあえて受けない。自分を犠牲にして誰かに尽くして共倒れ、というのは避けたいからだ。

まずは「自分」。その上で「まわりへの貢献」。この順序を間違えると自分もまわりも不幸になる。

そして、**自分を犠牲にしないために「守りに入る」というのも、ある意味で結界を張ること**だと思っている。

✲どんなときも「客観性」を見失うな

私の顧客には経営者が数多くいるが、視ていて思うのが、

「自分の実力を過小評価するのも、過大評価するのもよくない」

ということだ。

勘違いは身を滅ぼす。

そして、「勘違い」による失敗は、経営者に限らない。

「会社で営業成績がトップだったし、取引先との仲もすごくよかったから独立したが、全く仕事が入ってこなくなった。よくよく考えたら、評価されていたのは会社の名前と実績で、自分ではなかった。今後どうしたらいいでしょうか」

といった話は、耳にタコができるくらい聞かされた。

「人生の選択を失敗した」

という人の話を聞くと、自分を過大評価しているケースが非常に多い。恋愛でもそ

うだ。

「奥さんと離婚して私と結婚してくれると言っていたのに、騙《だま》された」

という女性が相談者の中にたまにいるが、それほど価値のある女性であれば引く手あまたで、わざわざ既婚者とつき合うことなどないだろう。

また、最近は、

「YouTuberになるだとか、株や不動産で生活していけると言って辞める若者が多い」

というぼやきを聞かされることも増えた。しかし、そう言って辞めていった人たちが、その後成功したという話を耳にしたことはない。

もちろん、フリーランスに向いている人もいる。

私はもともと軍事関係の雑誌の編集者をしていたが、

「サラリーマンは向いていないな」

と、早々に見切りをつけ、辞めた。

当時はバブル経済とよばれた頃で、それこそ退職金で株や不動産をやらないかとすすめられたが、一切乗らなかった。

実はこの頃、「ある株を一万円で買ったら、一週間後には百万円になっていた」といった話があちこちで聞かれた。そのため大勢の人が株に群がる姿を目にしてはいた。ただ、自分の性格を考えると、株などの財テクに乗っかるよりも、実入りは少なくても特性や趣味を究《きわ》め、地道に修行して働くほうが、いい未来につながるように感じられた。

当時は占いに興味があったから、この能力を伸ばすことに賭《か》けたのだ。

このとき、自分の立ち位置をよく考えることなく、株や不動産に手を出していたらと思うとゾッとする。

「臨機応変」に動ける人は強い

過大評価は日常生活にも潜《ひそ》んでいる。以前、

「妻が産後うつになりました。一度視ていただきたいんですが」

という相談を受けたことがある。

聞くと奥さんは、上場企業で実績を残してきたいわゆるキャリアウーマンだったのだが、妊娠中から体調が悪く、ふさぎ込むことが多かったのだそうだ。

出産したら何とかなるだろうと夫婦で様子を見ていたというが、出産後、奥さんのメンタルの不調はさらに悪化したという。


「女性ホルモンの影響でしょうか」

と言われ霊視したが、女性ホルモンというよりも、奥さんが抱く「万能な自分」と、「理想の子育てができていない自分」とのギャップに原因があるように感じた。

また、夫である相談者の、奥さんへの「母親としても、キャリアウーマンとしても完璧であってほしい」という過剰な期待も、うつの要因だとみて取れた。

そこで、

「全部うまくやろうと思ってもできるわけがない。子どもに手がかかるのは、ほんの数年なんだから、あなたも奥さんも臨機応変にハードルをどんどん下げないと」

と、伝えた。

そして、奥さんと子どものラッキーカラーやラッキーナンバー、ラッキーフードや行ってほしいパワースポットなどを霊視して教えた。

「ラッキー」なものは、確実にその人にとっての結界になるからだ。

その後、仕事に復帰してからは、奥さんも程よく手を抜きながら仕事と家庭を両立させ、元気に働いているそうだ。

程よく「大雑把」であれ

自分を過大評価し、客観視できない人は、うつ病になったり、仕事や人間関係でつまずいてメンタル面でトラブルを抱えたりする人も多いようだ。また、ひきこもりになりやすかったりするように思う。

メンタル面だけではない。

「仕事が順調すぎて、オーバーワークで入院してしまった」

といった人は、自分の健康と体力を過信しすぎた結果だろう。

メンタル面の問題を抱えたり、オーバーワークで体調を崩したりする人は昔からいたが、最近は働く人の中でその割合が増えているように思う。

要因のひとつに、間違いなく情報化社会があるだろう。

ＳＮＳ疲れという言葉が聞かれるようになって久しいが、投稿される友人や知人の華々しい活躍や優雅な生活ぶりに焦りや嫉妬の感情を覚えてしまい、心が疲れやすくなっている人は多い。周囲の理想に引きずられ、自分の「立ち位置」を見失ってしまうのだろう。

❁「期待の度合い」をうまく調節しておく

「こうあるべき」という強制は、ときに人の心を蝕《むしば》む。

子どもの引きこもりにしても、私の子どもの頃に比べ、「こうあるべき」といった規範意識が強くなった結果のようにも思う。

私が子どもの頃は、たとえば「あそこの家に柿がなっている」となると、失敬して食べるといったことが、しばしばあった。

「お腹が空いているから食べる」というよりも、「よその家の庭の柿をもいで食べる」という行為にスリルを感じて楽しかったのだ。

こっぴどく叱《しか》られた覚えがないから、大目に見られていたのだと思う。寛容な時代だった。しかし、今同じことをすれば、泥棒呼ばわりされる。ヘタをしたらSNSで拡散され、親子ともども見ず知らずの人たちから袋叩きにあうだろう。

また、昔は放課後ともなれば、ランドセルを放り出してみんなで遊ぶのが一般的だった。しかし今は、遊ぼうにも塾や習い事で、友だちとのスケジュールが合わないということが多い。そもそも遊ぶ場所もない。

そして、世間の子どもに対する目が厳しくなった。ネット上やSNSでは、むき出しの悪意が蔓延《まんえん》し、精神的に強くない子は、友だちと関わらないよう、家に引きこもるしかなくなった。

以前は、「引きこもり」の原因として、対人関係にプラスして、親が子どもに完璧を求めすぎるというケースが多かった。

親の期待が大きすぎる、親が課すハードルが高すぎるために、子どもが転び、立ち上がれなくなってしまうのだ。しかし、今は親はもちろん、自分が描く理想にがんじがらめになっている子どもも増えてきたように思う。

最近の親は、子どもを甘やかしすぎている人が多い。そのため、外部のちょっとした厳しさに耐えられず、家の中へと逃げてしまう。悪いことに、そういう家に限って、屋内に居続けても楽しめる娯楽が山ほどある。

もっと大雑把《おおざっぱ》に考えられたら、もう少し楽になるのにと思う。

大雑把さは、ある種の結界だ。

たとえばテレビがつまらなくなったのも、間違いなくコンプライアンスがどうだと、各局がガチガチに自主規制をかけた結果だ。

今、テレビ局は制作に四苦八苦しているが、私には自分で自分の首を絞めたようにしか見えない。

「～してはいけない」「～せねばならない」と、寛容さのかけらもない情報を発信し続けてきたのは、自分たちだからだ。

四角四面になっても、いいことはない、ということだ。

「余計な力を抜く」ことで心も体も守られる

私は、飲食店でも洋品店でも、店に入った瞬間、「あ、あそこに『人』が立っているな」と、「物理的に存在しないもの」の気配を感じることがよくある。

こういうときは、「見なかったこと」にしている。凝視すると、仕事になってしまうからだ。


こうしたケースは私の場合、除霊帰りに多い。

除霊後に限らず、疲れているときは頭の中にさまざまな情報が入ってくる。人と話していて、霊視のスイッチが入りそうになることもある。

だから、誰と会うときでも、意識して脱力するように気をつけている。
これは私にとって、一種の結界を張る方法だ。

「脳」と「気持ち」を休める重要性

私がよく、おいしいものや自分の好きなもののことを話すのは、このためだ。そうしているうちに気分が変わる。

また、場所を変えて気分転換するようにもしている。私はウィンドウ・ショッピングが好きなのだが、「何かを買う」のが好きなわけではない。眺めているだけでも十分楽しめる。

そういうふうに努めてリラックスできるようにしていないと、怨霊《おんりょう》などのマイナスエネルギーに対峙《たいじ》する気力がもたないのだ。

普通の仕事をしている人でもそうだろう。

今はスマホがあれば、どこまでも仕事のメールやチャットの通知が追いかけてくる。

退勤後も通知が来て仕事のことを思い出し、気が休まらないということもある。

責任の重い仕事をしている人ならなおさら、**脳と気持ちを休めることが、自分の運気や健康を守る**ことになる。


思い切って平日に休みをとってリフレッシュしたことで、効率が格段に上がった、という経験をしたことは誰しもあるだろう。

たとえば「最近、どうもツイていない、よくないことが続いている」という人は、騙されたと思って、有休を一日でもいいからとり、ゆっくりと過ごして気分転換してみてほしい。

気力も体力も回復して、パフォーマンスが上がるはずだ。

Column

「名前」は運気を左右する

私が人を鑑定する際に重視しているのは、霊視の過程で視えたもの、そしてその人の名前だ。

四柱推命《しちゅうすいめい》や西洋占星術の知識もひと通りあるが、生年月日はあまり参考にしない。実は、**名前というのはあなたを守る結界でもあれば、不運を呼び寄せかねないものでもある。**相談に来る人の中にも、

「親がきちんとよい画数になるように名づけてくれました」

「自分の子どもの画数は本を参考にして大切に考えました」

という人は多い。

そういう人たちは、恐らく書籍やウェブサイトなどで調べたのだろうが、しかし実

のところ、姓名判断にまつわる書籍やウェブサイトの中には信用できないものも多い。
書店に行くと、占い師や大学教授など、それらしい肩書きの人物が執筆、監修した本が並んでいるが、「これはどうか」と思うものがいくつもある。画数の持つ意味が間違っているわけではないのだが、「画数の数え方」が間違っていたりするのだ。

わかりやすい例を挙げると、あなたは漢字の七、八、九を何画としてカウントするだろうか。

「どれも二画ではないの?」と思うかもしれないが、「漢数字は数を表わす」と考えるため、七は七画、八は八画、九は九画だ。

同様に「さんずい」は三画ではない。さんずいは「水」という漢字に由来するので、正式には四画で見る。

「りっしんべん」にしても「心」を表わしていることから四画、「おおざとへん」は「邑」からきているので七画、「しんにょう」も点が一つだろうが二つだろうが、元は「辵」という漢字なので「七画」だ。

そして、漢字は旧字で見るのが正しい。だから「広」という漢字も「廣」という字の字画を採用する。

また、画数がいくらよくても、「漢字が持つ意味が悪いな」と感じることもある。該当する読者を考慮して、ここでは省くが、名前にその漢字が含まれていると、高確率で体にメスが入ることになったり、不幸な事故に巻き込まれたりする可能性が高くなるものがある。

そして、大人よりも子どものほうが名前の影響は出やすい。だからこそ、子どもの名づけをする際には注意が必要だ。信頼できる専門家に頼むか、自身が勉強をするしかない。


ひと昔前まで日本では、戦国武将や偉人、自分たちの先祖にあやかって名づけをすることが多かった。

医療が発達したおかげで今でこそ子どもの死亡率が激減したが、つい百年ほど前までは、「七歳までは神のうち」、つまり七歳まではいつ死んでもおかしくない、などと言われていた。

だからこそ、命をつないできてくれた先祖や、名を成した人物の名前にあやかったのだろう。

今なら、社会的に成功している人の名前の画数を調べて、同じような画数にするという方法も割とうまくいく。

いい運勢の人にはやはり、いい名前がつけられている。今、勢いのある芸能人や昔から愛されている大御所には、運が強い名前の持ち主が圧倒的に多い。

しかし、自分の名前の「守り」が弱いからといって、名前を変えるのは、おいそれとはできないものだ。

であれば、**「別名」をつける**という方法がある。

実は私の本名の画数は、よくない。本名のままだと、画数的にはとっくの昔に死んでいる。それほど悪い名前だ。

しかし、運気は日常生活で使う名前に左右されるので、「エスパー・小林」として仕事をしている、というわけだ。

少しだけ変えたいなら、点やドットをつけるのでもいいし、小林だったら小林をカタカナにするとか、ひらがなにするなどでもいい。

「弘」という名前なら、ダイレクトメールの宛先は「浩」に変えてみるといった方法を試してみるのもいいだろう。

その際、書籍などを参考にしたいなら、先にも書いたように「漢数字の画数」をチェックするのが手っ取り早い。ぜひ試してみてほしい。

2章

「その場所」に結界を張る方法

テキメンの効果——生花が放つ「陽のパワー」

さて、自分の暮らす空間や、普段、過ごしている場所に結界を張ることができる、最も安くて手っ取り早い方法は何か——。

それは、**「生花」を飾ること**だ。

生花が放つ「陽のパワー」は圧倒的だ。

かつて生花は病院へのお見舞いに欠かせないアイテムだった。生きた花の持つポジティブなエネルギーの強さを思うと、なるほどとうなずける。

ただし、花を飾りさえすればエネルギーが上がるわけではない。

必ずしてほしいのが、**部屋のそうじ**、そして**必要のないものを「捨てる」**という行為だ。埃《ほこり》だらけでものが散乱している空気のよどんだ部屋に花を飾っても、効果は限定的だ。

✴「余計なもの」があるだけで結界が崩れていく

ものが多ければ多いほど、その部屋は何らかのエネルギーに満ちた状態になる。

それがポジティブなものならいいが、ネガティブなものだとしたらどうだろう。

たとえば、ストレスから買い込んだが使わないもの、壊れかけていたり、ほとんど使わないから埃をかぶっていたりするものがあるだけで、安らげるはずの部屋が、あなたのパワーを吸い取るだけの、禍々《まがまが》しい空間に変貌するのだ。


そもそも、「余計なもの」がたくさんあると、片づけやそうじに多大な時間を費やすことにもなる。

すると、ますます片づけるのが億劫《おっくう》になって、部屋の空気はよどんでいく。

私は、「運気がどうしようもなく低迷している」という人には、真っ先に引っ越しをすすめている。その理由は、運気が低迷する一番の原因が「土地のエネルギー」に由来していることが多いからだ。そして、引っ越しをすると、不要なものを一気に処分できるという利点もある。

しかし、引っ越しとなると、金銭的にも時間的にもそれなりの準備が必要になるのは事実だ。

そこで、ものについたマイナスの念を取るという意味でも、「捨てる」という行為を推奨しているというわけだ。

❋「除湿」と「換気」のあなどれない効果

それでも、いまひとつスッキリしないというのなら、次にすべきは**除湿機の設置**だ。

私は、**場に結界を張る二大アイテムは「生花」と「除湿機」**だと思っている。

これは著書に何度も書いたが、霊体は電磁波と湿気で構成されている。湿気があればあるほど、霊体にとって居心地がいい場所になる。エサを撒《ま》いたら雀《すずめ》が飛んでくるようなもの、と思ってほしい。

つまり、エサになるもの＝湿気がなければ、禍々しいものは寄ってこないわけだ。

鑑定をしていて、

「この人は悪い想念に取り巻かれているな」

「あまりよくない空気に蝕まれている」

と感じることは、正直に言って、ある。

こういう人はしばしば、

「家に盛り塩をしているのですが、どこに置くのが正解ですか？」

などと聞いてくる。

確かに塩には除湿効果があり、多少の浄化作用は期待できるかもしれない。しかし、はっきり言って、悪い想念に取り巻かれている状態で盛り塩を置いても、あまり意味がない。
それよりも**部屋のすべての窓を開け、換気をしてスッキリさせる**ほうが、湿気が解消され、それ以上、悪しきものを引き寄せないよう結界が張れる。

運気が低迷していて、「とにかく何から手をつけたらいいか、わからない」という人には、ひとまず安くてもいいから除湿機を買ってきて、二十四時間かけっぱなしにすることをおすすめする。

なぜ運のいい人は「朝起きたら窓を開ける」のか

「よくない想念」と「湿気」は、親和性が高い。

「オバケが出る」とウワサされる場所を思い浮かべてほしい。古いトンネルやダムのそば、夜の神社やお寺の森の中、河原、湖のほとりなど、ほとんどが湿気の高い場所だ。「柳に幽霊」などと言われるのも、柳が川沿いに多く、保水力の高い樹だからにほかならない。

日本だけではない。海外でもゴーストツアーが行なわれるような場所は、霧深い街だったり、森の中や眼下に川が流れる古城だったりと、湿気が強いところが多い。

また、幽霊が出たというエピソードは、雨の日や夏場の蒸し暑い時期に多い。
そして、乾燥のはげしい飛行機の機内を舞台にした幽霊譚《たん》はほとんどない。
あまり知られていないが、飛行機の中では人が急死することも、ままある。しかし、飛行機の中で「幽霊を見た」だとか、「恐ろしい声を聞いた」「金縛りにあった」といった話をあまり耳にしないのは、飛行機の中が乾燥しているからだ。

家の中で湿気がこもりやすいところといえば、風呂場やトイレだろうが、**常に換気扇を回す**ことだ。窓があれば開けて、空気の流れを作り出し、空気をよどませないこと。

また、寝室も湿気がこもりやすいので、**朝起きたらすぐに数分でも窓を開ける**こと。**布団乾燥機でこまめに湿気を取り除く**ことも、自分を守ることにつながる。

この「湿気を取り除く」というのは、旅行や出張などで旅館やホテルに宿泊するときも効果的だ。

実際、悪い想念のたまった部屋というのは、存在する。

入った瞬間に、ムワッと嫌なものを感じたら、急いで窓を開けて換気扇を回すといい。部屋にエアコンがついていたら、すぐ除湿か冷房のスイッチを入れよう。よっぽどひどいときは、部屋を変えてもらう、というのもひとつの手だ。

とにかく、いついかなるときも「換気」と「除湿」を心がけることで、あなたの場の結界は、悪しきものに破られにくくなるだろう。

「パワースポットのパワー」を自宅に持ち帰る方法

私はパワースポットに行くと、落ち葉や石を拾ったり、用意しておいた草花の種を地面の上に置いたりして、その場所のパワーをいただいて帰ることが多い。なぜなら、それらが**「結界を張る最高のアイテム」**となるからだ。

特に石は、キレイに洗って枕の中に入れておくことがある。また、小さな巾着袋に入れて、カバンの中にしのばせたりもしている。匂い袋からそこはかとなく香りが漂《ただよ》ってくるように、巾着袋からいいパワーが染み出しているのを感じるからだ。

パワースポットのパワーで、自分が守られるというわけだ。

こういう話をすると、

「どんな石がいいんですか？」

「コンクリート片みたいな石はよくないですよね？」

「なるべくピカピカしたものや、つるっとしたもののほうがいいでしょうか？」

などと、よく聞かれる。

しかし、基本的にパワースポットにあれば、何でもいい。

大きさや形は関係ない。たとえ割れたコンクリート片でも、**「その場所にあった」という事実が、重要**なのだ。

✻最強のアイテム――「もみじの種」と「ぎんなん」

石と同様のパワーが期待できるのが、植物の種や葉だ。

私は月に一～二回のペースでパワースポット巡りを主催しているのだが、ツアー参加者でも慣れている人は、たとえば朝顔やひまわりなどの種を持って参加している。

一定時間、パワースポットの地面の上に種を置いておき、持ち帰ってプランターや庭に植えているのだ。

パワースポットのプラスのエネルギーをたっぷり吸い込んだ種から咲いた花は、強いエネルギーを発している。咲き終わった後も堆肥《たいひ》にすれば、土にエネルギーがそのままたまる。

種の中でも最強なのが、プロペラのような形をしている**もみじの種**や、イチョウの種、つまり「**ぎんなん**」だ。

パワースポットに落ちているもみじの種やぎんなんを持ち帰り、庭の隅に植えたり、鉢植えにしたりすれば、住まいに結界を張ることができる。

昔、東京都中央区にある浜離宮恩賜庭園《はまりきゆうおんし》でイベントをしたときに、雑草を抜いて持ち帰ったことがある。

一回目は枯れてしまったが、二回目に持って帰った雑草を家の裏庭に植えたところ、それがぐんぐん育った。面白いことに、雑草の成長に比例して、私を守ってくれるパワーも増したのか、運気もぐんぐん上がった。

さすがに冬になると、葉が落ち、枯れたようになるが、春になると再び芽吹いてくれる。たかが雑草だが、私の大切な相棒だ。

枯れ枝や落ち葉で作る「最高の結界」

なお、パワースポットにある枯れ枝や落ち葉を持ち帰った場合、そのままの状態で効力が発揮される期間は一年程度と考えてほしい。ただ、庭でもプランターでも、**穴を掘って埋めてしまえば、その効果は半永久的**だ。

私がパワスポイベントを秋から冬にかけて行なうと、たまにスーパーのレジ袋を持ってくる人がいる。その中に、落ち葉を詰めて持って帰るためだ。

あるときは、飛行機に乗らなければならない距離から参加してくれた男性が、大きなビニール袋に落ち葉を詰めていた。その袋をどうやって飛行機に乗せるのか気にはなったが、プランターの土と混ぜて野菜を育てる予定だとうれしそうに教えてくれた。

もちろん国立公園など、勝手に石や草を持ち帰ってはいけないところもある。その場所の指示に従うことはいうまでもない。

そして、いくらパワースポットにあるものが運気を上げ、結界を張ってくれるからといって、絶対に食べないでほしい。こんなことを言うのは、これまでの参加者の中には、実際に口に入れそうな人もいたからだ。

パワースポットで拾ってきた落ち葉や種などを食べることはすすめないが、前述の男性のように、**葉っぱで堆肥を作って、野菜を育てて食べれば、それは体の中からの最高の結界**になる。

ミニトマトを作ってもいいし、ネギを植えてもいい。

堆肥を作ると、何年にもわたってパワースポットのエネルギーを取り入れることができるだろう。

デスクまわりに結界を張る方法

「自分の運気を上げてくれるな」と感じるものは、とにかく身のまわりに置くようにするといい。

たとえば、私の自宅と事務所の壁には、**浅草の鷲《おおとり》神社の大きな熊手**が飾ってある。

鷲神社は「おとりさま」と呼ばれる、酉《とり》の市《いち》の発祥の地としても有名な神社だ。私ととても相性がいいパワースポットで、実際、鷲神社で熊手を買うようになってから仕事運が急上昇した。

熊手の効果は絶大で、運がよかった年に飾っていた熊手は、廃棄する前に小花を取り分け、巾着袋に入れて今も持ち歩いている。

また、私にとってのパワースポットは、私を慕《した》ってくれている人とも相性がいいだろうと、毎年「熊手を一緒に買いに行く」イベントも開催している。

イベントでは**新宿の花園《はなぞの》神社**、**府中の大國魂《おおくにたま》神社**もまわり、それぞれの神社で購入した熊手も飾っているが、一番大きいのは鷲神社のものだ。

読者のみな様もぜひ、と言いたいところだが、遠方でなかなか足を延ばせないという人は、近場の神社で気になる熊手を見かけたら、一度購入してみてほしい。

熊手、破魔矢、お守りの「効果」

ちなみに、この手のアイテムの効果については、一年単位で見てほしい。

たとえば熊手は、主に商売運、金運、仕事運を上げてくれるアイテムだが、その熊手を買ってからの一年間の売り上げが十から十一になった、という具合に少しでも上がったら、プラスの効果があったと考える。

逆に下がったら、あまり効果がなかったと考え、次からは別の神社の酉の市などに足を運んでみる、という具合だ。

パワースポットで手に入れるアイテムは、破魔矢《はまや》でもお守りでもいい。とにかく購入してから一年間、神棚に飾るなり壁にかけるなり、肌身はなさず持つなりして、**効果を振り返ることが重要**だ。

「今年は、運がよかった」

「大変なことがあったが、守られた」

ということであれば、その破魔矢やお守りは「結界」として機能したということだ。

ちなみに、私がこれらのアイテムの運気の持続期間が一年間だと考えているのは、製作者や販売している人が霊能力者ではなく、一般の人だからだ。

「パワースポットという『場所』からいただいてきた効果」の継続期間は、だいたい一年と考えてほしい。

なぜ私は「五芒星のシール」を天井に貼るのか

私の事務所には、私がデスクに座ったときにちょうど頭上にくる位置に、五芒星のシールを貼っている。そして、机の裏にも貼ってある。

このシールは、本当に小さいもので、今の場所に事務所をかまえて二十年ほど経つが、気がついた相談者は、これまで一人しかいない。

ちなみに、事務所転居時に、トラブルを避けるために霊視をして貼ったものなので、誰にでも通用するアイテムというわけではない。

こうした「ラッキーシンボル」は、人によって全然違う。

私の場合は星形だが、人によっては丸い形だったり、三角だったりすることもある。色についても、Aさんは青、Bさんは赤という具合だ。

ただ一般的に、**金や銀などのキラキラした色は、魔除け**になる。

キラキラしたシールを買ってきて、机の裏やパソコンの裏、スマホケースの中に貼るのは、手っ取り早く運気を上げる方法として悪くない。

また、以前上梓《じょうし》した拙著『知らずにかけられた呪いの解き方』(三笠書房《王様文庫》)に魔除けのシールを付けたが、今回も開運を促進し、魔除け・厄除けとなる門外不出の「五鬼幻役結界陣《ごきげんえきけつかいじん》」シールを付録として付けた。ぜひ利用して運気を上げてほしい。

もちろん、会社が明らかに呪われた場所にある場合などであれば、シールだけで結界を張るのは難しいかもしれない。しかし、普通の会社、もしくは住居で生活していて、悪意にさらされているとか、嫉妬や妬《ねた》みに悩んでいるといったケースであれば、結界として十分に機能してくれると思う。

前向きな気持ちで過ごせるはずだ。

ちなみに、よく聞かれるのだが、「御朱印帳《ごしゅいん》」に結界を張る効果はない。強い法力《ほうりき》や霊能力を持つ人に御朱印を書いてもらったのであればいざ知らず、能力者でもない人が書いた御朱印は「スタンプラリーのようなもの」と思っておいてほしい。

結界の要――「土地の浄化」について

実は、自分のいる場所に結界を張るということを考えるときに、**本当に要となるのは、土地の浄化**だ。

「それなら、家を建てるときに地鎮祭もしっかりしたから大丈夫かな」

という人も、安心はできない。

なぜなら、実は霊能者がしなければ、地鎮祭に、禍々しいものを祓う効果はあまり期待できないからだ。

実際、実家をリフォームしたとき、私も形式的な地鎮祭を執《と》り行なってもらった。

しかし、その後、私はわざわざ夜中に自分で除霊をし、結界を張ったくらいだ。

除霊を行なう私にとって、最も恐れたのは家族に対する「障《さわ》り」だった。

しかし、自宅に完璧に結界を張っているおかげで、家族からは「霊的に怖い目にあった」という話は聞いたことがない。


この話を知っている知人たちは、地鎮祭を終えた上で、「改めて土地を祓ってほしい」と、私に依頼してくる。

とある不動産会社の社長は上得意で、

「この場所に建物を建てる予定なのだが、気になるから念のために除霊して結界を張ってほしい」

と、しばしば頼まれる。そして、私が結界を張った土地に住む人たちは、運気も確実に上がっている。

✻「家相」や「風水」をどう考えるか

このような話をすると、

「手軽にできる風水などでは、効果はありませんか」

「土地というよりも、家相が悪い気がするのですが」

などと言う人がいる。

しかし、一般的に知られる家相や風水は、現代社会にそぐわないものが多い。

雑誌やテレビを見ていて、

「鬼門《きもん》にトイレや水回りはよくない」

「東北方面に寝室はよくない」

などという話を耳にすることがある。

私は風水を全否定はしないが、懐疑的だ。

冷蔵庫もエアコンもない時代の間取りと方位に関する考え方を現代に持ち込んでも、あまり意味がない。

風水はいわゆる「生活の知恵」だ。昔は今のように、スイッチポンでお湯が出るわけではない。地上三十階なんて誰も想定してない。冷蔵庫はあるし、エアコンもあるし、トイレも水洗で汲《く》み取り式ではない。

風水を取り入れるのなら、お祓いができる人間が書いたお札や護符を家の気になる部分に貼るほうが魔除けの効果があり、運気も上がる。

少し前に、床暖房を取り入れるためのフローリング工事をしたのだが、その際は自分がプロデュースした魔除けのネックレスのコピーを何百枚も取り、床下や壁の間に敷き詰めた。

最高の魔除けになるからだ。

床下に入れるのは、地面に一番近い場所だからだ。

ちなみに、私の相談者には医師も多いが、あるとき、

「エスパーからもらったネックレス、病院のＥＲ（救急救命室）の『出る』ってウワサのある場所に置いたら、不可思議な現象が起きなくなったよ」

と言われたことがある。

このネックレスを病院の受付のそばの鉢植えの中に忍ばせたり、私の直筆のお札を手術室や入り口のマットの下に貼ったりしている医師もいる。

もちろん、本書の付録「五鬼幻役結界陣」シールを目につく場所はもちろん、携帯のカバー裏など普段持ち歩いたり、身につけたりするものに貼っても効果があると思う。

寝つきが悪かったら枕の中に入れたり、ベッドの下に貼ったり、居心地の悪さを感じる部屋なら、マットの下や、壁紙、額縁、テーブルの裏など、できれば東西南北に貼るといいだろう。

わけのわからない風水グッズを置くよりは、はるかに効くだろう。

「好きなもの」に囲まれる＝最高の結界

風水の効用については懐疑的な私だが、部屋には実はこだわっている。

私が部屋作りをするときのルールはひとつ。

「好きなものしか置かない」

だ。

「当たり前だ」と言われそうだが、自分の部屋を見渡してみてほしい。「何となく」置いているものはないだろうか。

私は、自分が気に入ったもので部屋を飾っている。自分のテンションが上がり、ポジティブな気持ちでいられるような部屋が、ベストだと思っているからだ。

精神状態は、仕事にも大きく影響する。だから、とにかく「自分にとって心地いい環境」を重視してほしい。狭い空間でも、**その場にいて自分がうれしくなるような環境に身をおくことは、最高の結界のひとつ**になる。

✻「テンションの上がるもの」を飾るだけで……

先に書いたことと矛盾するようだが、「好き」に断捨離の概念は必要ない。

本が好きなら、自分のお気に入りの本を本棚にぎっしりと詰め込んだ書斎を持てばいい。服や化粧品が好きなら、店のディスプレイのように飾るのもいい。

好きな国のグッズに囲まれるのもいいし、グラビアアイドルのポスターに囲まれた部屋があってもいいと思う。

とにかく、自分の部屋は、自分の気分が上がるように整えてほしい。**人のエネルギーが上がると、「悪しきもの」も撃退できる**。つまり、結界として機能するのだ。

ただし、「推し活」の場合は、正負両方のエネルギーが交錯《こうさく》するため、お金に糸目をつけなくなったり、推すことに疲れを感じたりするようになったら、一度、「推し」と距離をとることをおすすめする。

大切にすべきは、あくまでも「自分」だ。

こういう仕事をしていると、

「私の部屋には、仏具や仏像、曼荼羅《まんだら》があります」

「巨大なパワーストーンを置いている」

といった話を聞かされることがある。

それが自分の趣味ならかまわない。

しかし、何らかの効能を狙うのなら、出所のわからない水晶や曼荼羅を置くよりも、自分の好きな推しグッズや、好きな漫画本のセットを置くほうが、はるかにいい。

風水グッズよりも、自分のテンションが上がるものを部屋に飾るほうが、あなたを守ってくれる。

Column

お香、アロマの効能

「その場に結界を張る儀式」というと、祝詞《のりと》を唱えて、お香を焚いて……というイメージを持つ人もいるかもしれない。

また、パワースポット巡りをしていると、たまに、

「このお香はどう思われますか？」

と聞かれることもある。

お香やアロマの効能を否定はしないが、私は基本的に活用していない。

お香もアロマも決して悪いとは思わない。ただ、私自身は結界を張る手段としては用いていない。

よく、「霊魂の食事は香りだから、背後霊や守護霊のためにお香を焚く」という話を耳にするが、私はお香にそこまで大きなパワーはないと思っている。

ではなぜ、葬儀のときにお線香が用いられるのか。

それは、中世のフランス貴族が香水を使ったのと同じ。臭い消し。つまり死体の臭い消しのためにすぎない。

もちろん、好きな香りを楽しむことにはリラックス効果があるから、メンタルのサプリメント的なものとして、楽しく活用するのは悪くないと思う。

明るい気持ちになれることはすべて、悪しきものを遠ざけるのにプラスだからだ。

3章

結界は目で見える

「制限をかける」ことで意志も結界も強くなる

願望を成就させるために、「酒断ち」や「甘い物断ち」など、自分の好物を断つということが古来、行なわれてきた。

実はこれは、自分の結界を強くするアクションだ。

何かを「断つ」ことは、最も簡単なメンタルの結界法といえるかもしれない。

絶つものはアルコールでも、コーヒーでもなんでもよい。

自分の中のルールなので、「コーヒーは朝一杯だけ」とか「スイーツは月一回」、あるいは「誰かと一緒のときは特別」など、制限をゆるめてもいい。

たわいもないことだが、それだけでも一種の結界が張られる。

「その程度で？」と言われるかもしれないが、逆を考えてみてほしい。

欲望の赴《おもむ》くままに、暴飲暴食をしたり、異性に溺《おぼ》れたり、ギャンブルに傾倒したりすれば、明らかに自分を貶《おとし》め、身を滅ぼす。制限がなければ、人はいくらでも堕落できる。

一方で、面と向かって「規律を守れ」「品行方正にしろ」「清廉潔白でいろ」などと言われると、堅苦しいなと感じる人も多いだろう。

もちろん清廉潔白な生き方をするに越したことはない。しかし、私も含め大多数の人は窮屈さを感じるだろう。そこで、**自分の欲望にひとつだけ小さな枷《かせ》をはめる**のだ。

「心の筋トレ」で魔を寄せつけない

「こんな状況でも、私は○○を断ち続けている」

そう思うことで、心が少しだけピリッとしてくる。すると、それが自信となり、必ずメンタルを強くしてくれる。

実は私には、霊能者になった頃から今に至るまで、口にしないと決めた大好物がひとつだけある。

このルールを断固として守っていることで、精神的なタフさが養われていると強く感じる。

一般的に、「我慢ができる人間」は精神力が強い。食欲と睡眠欲の制限は、拷問にも取り入れられるぐらいキツいものだ。だからこそ、私はここに自分との約束事をひとつ作ったのだ。

もちろん、もともとの好物なので、無性に食べたいと思うこともある。自分の欲求との戦いだ。

でも、これくらいのことを我慢できなければ、祟りになんてとても向き合えない。そう思ってこのルールを自身に課している。

何事も、最終的には意志力が必要になる。**何かを断つことは、心の筋トレ**と言い換えてもいいかもしれない。

些細《ささい》なことではあるが、「これだけは口にしない」を守り続けることが心を鍛え、ひいては自分を守る結界となるのだ。

なぜ一流の人ほど節制するのか

一流のスポーツ選手からも、**精神的なタフさを養う「節制」**が見てとれる。

たとえば大谷翔平選手は「自分の体調をわかりやすくするために」、基本的には同じメニューを同じ量だけ食べる生活を送っているのだという。そして何よりも体と脳を休める「睡眠時間」を大切にするために、ほとんど遊びに出ないのだそうだ。

驚異的な記録を作り続けているのも、自分のペースを守るためにすると決めたことを確実に実行しているからこそだ。

イチローも選手時代、「毎朝カレーを食べる」ことが一時期、話題になった。彼も翌日の試合時間から逆算し、起床時間、食事の時間とそのメニュー、就寝時間と、きっちり決めていた。

実業界に目を向けると、スティーブ・ジョブズは生前、黒のタートルネックにジーンズ、足下はスニーカーというスタイルを貫いた。

ある程度のレベルを保つ人は、自分の中に確固たるルールを持っている。

私は仕事柄、さまざまなジャンルの著名人に会うが、**成功している人たちは何らかの枷を自分にはめている。**

そこまでしろとは言わないが、日常の何でもいい。今日からひとつだけでもルールを作り、守ってみてほしい。きっとあなたのメンタルの平衡を保ち、自信をつけてくれるはずだ。

「特技・特性を活かす」と強固に守られる

相談者の話を聞いていると、

「そもそも、何であなたはその仕事を選んだの？」

と思わされることがよくある。

人生相談を受ける際には、どうしたらその人が笑顔で暮らすことができるか、霊視で未来予知をしながらアドバイスをするのだが、「今の仕事を続けていても報われないだろうな。キツいだろうな」と同情してしまう人が少なからずいる。

あるとき、友人が雑談の中で、

「どこの部署に行ってもダメな奴がいるんだよね」

と、ポツリとつぶやいた。

彼は、とある大企業の人事部に所属しているのだが、時折、「あの人、なんでうちの会社にいるの？　何とかならないか」とクレームが入ることがあるのだそうだ。恐らく当人も同じように感じているだろう。

あなたの職場にも、「企業風土に合ってないな」「サラリーマンに向いていないな」と感じる人物がいないだろうか。「自分もそうだ」とギクッとした人もいるかもしれない。

✻「相性の悪いこと」は無理して続けない

自分が今の仕事に向いていないと気づいてしまったら、別の道を探すことが最善だ。いくらラーメンが好きでも、味覚音痴の人間がラーメン屋で成功することはできないのと同じだ。そもそも適性がない人間を周囲がいくら手厚くフォローしても、どうしたってうまくいくはずがない。周囲の人たちの手数が増えるばかりである。こういう人は、そもそもその仕事を「やらない」ことが自分にとっても周囲にとっても一番なのだ。

恋愛でも仕事でも、いい相性もあれば、悪い相性もある。

どうにも相性の悪い相手と家庭生活を送るのも、適性のない仕事に就いているのも不幸でしかない。


では、どうすればいいのか。

自分の特性に気づき、それを磨くことだ。そして向いていると手応えを感じたなら、ひたすらその道を邁進《まいしん》する。

出る杭《くい》は打たれるが、出すぎた杭は打たれない。とにかく、会社員なら会社の中で自分にしかできない、自分が突出してできる何かを見つけ、伸ばす努力をしてみよう。その努力はいずれ、自分を守る結界になる。もし、今の組織では突出できる何かが「ない」と思うならば、別の職種に目を向けよう。

私は霊能を仕事にしてから、確実に運が開けた。そして、それが今の私を守ってくれている。

「清明な心」というパワー

何気なく口にした言葉が、あなたの結界を弱めていたとしたらどうだろう。その代表的なものが、「私なんか」という自己否定の言葉だ。

「自分なんかどうせ幸せになれない」

という言葉はもちろん、

「私なんかを求めてくれるから、頑張りたい」

といった、一見ポジティブに聞こえる言葉も、不幸への扉を開いてしまう。

本書では「結界」にフォーカスした開運術を紹介しているが、「私なんか」という言葉は、発するだけでどんな努力も台無しにする。どれだけ外側を取り繕《つくろ》い、ガードを固めても、内側が傷だらけではプラスに転がりようがない。

強い結界を張り、保つには自分の内部を清明にすることだ。


私は、「依頼はできるだけ断らない」という方針で仕事をしているが、忙しすぎて体力的にも引き受けられないと思ったら、丁重に、しかしはっきりとお断りしている。

また、この年齢になると、金を貸してほしいと頼まれることもあるが、

「貸してくれなきゃ、もう死ぬかもしれない」

などと言われても、きっぱり断ってきた。実際、貸さなかったからといって死んだ人はいない。

こういうときに、「自分なんかを頼ってくれた」などと間違っても思わないことだ。

❈「いい人」ではなく「意志の強い人」になれ

結界を強くしたいのであれば、まず自分の意志を明確にすることだ。

「結界」＝「自分の世界をガードする」ということなのだから、**他人に惑わされない**

という意志が必要だ。

といっても、これまで何かと他人に合わせてきたという人は、いきなりスタイルを変えることは難しいだろう。

そんな人は、今後は他人から頼まれ事をされたら「これは自分が本当にしたいことか」「自分にしかできないことか」と、自問する癖をつけてほしい。

「いい人ほど早く亡くなる」

といわれることがある。自分の親類や近所や職場、さまざまな人のためにと尽力していたのに、大病を患《わずら》ったり、事故にあったりする、という人は確かにいる。

こう言うと冷たいと思われるだろうが、「自分に確固とした基準がないからそうなる」と感じることがある。

本人はよかれと思い、納得して行動しているのかもしれない。

しかし、誰かの要望のすべてを受け入れてしまうということは、その人のネガティブなエネルギーをもすべて受け入れるのと同義だ。「私なんかを頼ってくれている」などという思いから他人に尽くしているのであれば、さらに悪い。

こういうタイプの人は、人に労力を割くときに、自分の中で「これ以上は、もうやらない」という基準を設ける必要がある。というのも、人間のエネルギー量は決まっているからだ。なのに、深い考えもなしにエネルギーを振りまいてしまったら、結局は自分を大切にすることもできなくなってしまう。


お金でたとえると、わかりやすいかもしれない。

自分の財布の中身や貯金額を知っていたら、無駄な買い物はしないはずだ。財布の中に千円しか入っていないのに、誰かに焼き肉をおごってあげようなんて思わないだろう。人から何かを頼まれたときも、それぐらいに割り切ればいいのだ。

自分の気持ちに常に寄り添い、自分を大切にするために「線引き」をする。自分をよく理解していれば、無茶はできないし、しっかり自分を守ることができるのだ。

「知識」がなければ結界は破られやすい？

メンタルに結界を張る、ということを考えるときに、紙からでもインターネットからでもかまわないが、**常に知識を得ようとする習慣を持つ**ことは極めて大切だ。

というのも、知識がなければ、容易に結界を破られて、心のうちに禍々しいことを入れてしまいかねないからだ。

かといって偏った知識ばかり仕入れても、それはそれでよろしくない。**普段から、バランスよく、多様な見解にふれておく**ことが大事だ。

そして、テレビでもネットやSNSでも、人の下世話な関心をかきたてるだけの品のない情報には十分、注意することだ。何の知見も持たないようなタレントたちが勝手なことを言って扇情しているだけのワイドショー番組が流している情報などは、その最たる例だろう。

✲「本を読む人」だけが持つメンタルの堅牢さ

ただ、矛盾するようだが、人と良好なコミュニケーションをとるためには、時事ネタに関心がないというのもまた危険だ。

時流に取り残され、会話が成り立たなくなる。

そこで私が強くおすすめしたいのは、**本を読むこと**だ。

私の周囲にいる尊敬すべき人たちは、みな読書家だ。小説でも随筆でも、料理の本や車の本、旅行ガイドブック、自己啓発本でも、「この人は、この先、成功しそうだな」と感じる人はまず、本をよく読んでいる。

時事ネタは信頼できる媒体のニュース記事などから仕入れているようだが、それだけではなく常に本をそばに置いている。だから話にも深みがあるし、いつも知的好奇心が旺盛だ。

本書を手にとっていただいたということは、本書の読者もすでに読書習慣のある方がほとんどだと思うが、今後も書店や図書館で本のタイトルをチェックする習慣を大切にしてほしいと思う。

「読む結界」として私がおすすめする作品

また、作品にもよるが、マンガを読むのでもいいだろう。

たとえば、時事問題などを扱う**『ゴルゴ13』はおすすめ**だ。私自身、愛読者なのだが、仕事の質を上げていくために参考にする部分が多い。

時事ネタはもちろん、自分の中のルールの持ち方などを勉強させてもらっている。

ただ、「頭に残す」という意味では、電子書籍はあまりおすすめしない。

まわりの電子書籍を活用していた読書好きも、「頭に残らないからやめた」という人が大多数だ。

電子書籍の愛好者の中には、「頭に残したい一節はメモをとっているんだ」という人もいたが、本当に読みたい本は紙の書籍を購入するようになったのだそうだ。

そういえば少し前に、小学校で紙の教科書を廃止し、デジタル教科書を採用していたスウェーデンが、「紙と鉛筆のアナログ教育」に戻ったという記事が出ていた。

思考力や記憶力を育むには、脳神経的にはまだまだアナログのほうに軍配が上がるということなのだろう。

だからといってデジタルを否定するつもりはない。両方の利点を取り入れながら、「読む」ことで自分のまわりによい結界を張ってほしい。

なぜ「手帳の達人」の結界は強いのか

スマートフォンやパソコンでのスケジュール管理が便利だからと、「紙の手帳は持たない」という人も増えてきた。

しかし、私はあえて手帳の利用を推したい。

私は昔から手帳派だ。手帳の最大のメリットは、多くの人が面倒だと感じるであろう「書き記す」という行為にあると思う。

手帳を持ち運ぶのは面倒だという気持ちはわからなくもない。さらに、手帳に書き記そうと思ったら、平らな場所とペンも必要になる。

ただ、こうして**わざわざ場所と時間を作って「書く」ということは、ある種の結界**

を張ることになっているとも思う。

✵「願望を書く」という効果

前述した通り結界とは、そもそも仏教用語だ。日本に昔からある言葉は、境界。神様のいるところと人間のいるところの境目を指す。

手帳に書くという行為は、過去、現在、未来の境界を感じる作業だと感じることがある。

私の仕事、特に除霊や祟りに関するものは、生と死の境界の上、ギリギリのラインで行なう。このラインから落ちたら、死が待っている。そうした境界に、私は手帳を通して向き合っているようにも思う。

多くの人はそこまで危険に晒《さら》されてはいないだろうが、自分を見つめ直しながら思いをまとめる時間はなかなかいいものだ。

手帳には、スケジュールだけでなく、自分の夢や、やりたいことを書くのもいいだろう。

手帳に夢を書くことは、それだけで願望が叶《かな》うとは言い切れないが、**一種の「自己宣言」**ととらえると、全く無駄な行為だとは思わない。自分の願望を手帳をひらくたびに見て気持ちを高めることで、その高まった気分はあなたの結界になる。

✳手帳を買うときに「最も大切にしたいこと」

手帳を買うなら、最も大切にしてほしいのが色だ。

初めて、もしくは久々に持つというなら、まずはラッキーカラーや好きな色のものを選ぶのがいいだろう。ずっと使い続けているなら、過去数年間の手帳の色を思い浮かべてみてほしい。

調子がいいなら、同じ色の手帳をそのまま使い続ければいいし、不調が続いているのであれば、黒から青にするなど、色を変えるという手はありだ。

さらに、サイズにも着目してほしい。自分が書き込む姿を想像し、よりポジティブな気持ちになりそうなサイズを選んでほしい。ちなみに私は、色とサイズを変えて運気が上がった。

そして、手帳を買う店も吟味したい。

銀座の伊東屋などは、その立地からしてもおすすめだ。

ちなみに私は、文具類は**玉川高島屋の伊東屋**で買うと決めている。ここで手帳を買うようになってから、仕事がうまくいっているからだ。

「購入した後の自分の運気を見る」という意味では、ネットショップでの購入はおすすめしない。その商品がどこの倉庫に置いてあったのかわからないし、常に持ち歩く類《たぐい》のものは、実際に手に取って吟味《ぎんみ》するのが一番だ。

手帳はもちろん、ボールペンなども五、六年は使うこともザラなので、念入りに選びたいところだ。

厳選したアイテムを使うたびにあなたの気分も上がり、それにつれて運気も強まっていくだろう。

いつでも「覇気」を発散させておく

私の事務所に相談に来る人の多くは、現状に不満がある人だ。お金を払ってでも、自分の人生や環境を変えたいと願い、霊視によるアドバイスを求めてやってくる。

そういう人たちに多く見られるのが「覇気《はき》の無さ」だ。

仕事がうまくいっていない、人間関係がトラブル続き……そんな悩みを抱えているのだから、積極的に何かに立ち向かおうという気概が削がれてしまうのも、わかる。

ただ、そうしてエネルギー量が少なくなると、そのせいでミスが発生しやすくなる。

こうしたマイナスのスパイラルから抜け出すのは極めて困難だ。

しかし、そんな状態に陥っている人たちにも、必ず打開策はある。

アドバイスによって仕事や人生を改善する突破口が見えてくると、人は笑顔になる。そして、**実際に打開策を行動に移して人生がプラスの方向に動き出すと覇気が戻ってくる**。そうなるとしめたものだ。

覇気は、その人をよりよい方向に導く。

覇気は、「エネルギー」と言い換えることもできるだろう。

人気も勢いも絶好調な芸能人や俳優は、たとえ小柄な人であっても舞台では大きく見える。テレビ越しでも生気に満ちていることが明らかにわかる。これこそ覇気のなせる業だ。

「現役である」ことから生まれる結界

仕事が順調な人は、発散するエネルギー量がものすごい。

逆に、仕事ぶりに勢いがなくなれば、発散するエネルギー量も減少する。

わかりやすい例が、定年退職をした会社員だ。

退職金や年金などで「悠々自適」な生活を送っている人でも、仕事に勤《いそ》しんでいたときと比べると顔つきが変わる。歩き方も変わる。

定年退職すると途端《とたん》に老けるという話をよく聞くが、それはエネルギーを発散する必要がなくなったからではないか、と思う。

私のところにも、

「定年後、自分がどんどん老けていくのを感じる。どうしたらいいでしょう?」

という相談が舞い込むことがある。

朝、決まった時間に起きて通勤していた人が、いざ何時まで寝ていてもOK、一日パジャマ姿でもOK、食事の時間は好きなときでOKとなると、戸惑ってしまうことも多いようだ。

89ページにも書いたが、やはり一定のルールや枷が結界を生み出しているという証左になっているともいえるだろう。

実は、定年退職した人からこの種の相談を受けるのが自分にとっては一番つらい。

「これから先、十年は何とか楽しめるかもしれない。しかし、さらにその先の生活を考えると夜も寝られない」

などと言われても、どうしようもない。

たとえこの先、何らかの資格を取ったとしても、そのおかげで生活費が増えるという保証はない。

その人に向いている趣味を霊視しながら、

「資格取得にお金を使うのはいいけれど、そこにすべてをかけてはダメですよ」

と、アドバイスすることくらいしかできない。


男性の場合、「働いている」「現役である」ことの社会的な信用度は高い。

そして、**働いていることからくる「緊張感」は、一種の「結界」としてその人を守っている**。その緊張感からくる結界のあるなしは、大雨の日にレインコートがあるかないかの違いくらい大きい。

いくら日々が充実していたとしても、仕事をしているときの「緊張感」という結界にはかなわないのではないか、とふと感じることがある。

✻「億劫がる人」にツキは回ってこない

では、どうすれば覇気やエネルギーを生み出せるようになるのか。

まず言えるのは、特に**若いうちは意識して「覇気を見せる」**ことだと思う。

わかりやすく言えば、**億劫がらずに、エネルギーを出し惜しみせずに事にあたる**、ということだ。

最近の風潮として、たとえば、

「時給千円しかもらっていないなら、千円分だけの働きしかしなくていい」

ということがあるようだ。

しかし、そんな心持ちで仕事をしている人は、永遠に時給千円分くらいの稼ぎしか手にできないものだ。

労働の対価、という意味では「時給千円だから千円分の働きをして、何が悪い」と思われるかもしれない。

しかし、時給千円の人が、千二百円分、千三百円分の働きをしていれば、「よく頑張っているから、次のステップに上げてやろう」

と、誰しもが思うのではないだろうか。

もちろん、「働き損」になってしまう組織もあるとは思うが、基本的にはギリギリのラインまでしか働かない人には、会社もそれ以上のお金を出さない。

やはり、働いている以上は、それなりの覇気を見せなくては、と思うのだ。

「覇気を見せろと言われても、どうすればいいのか具体的に言われないとわからない」

という人は、上司や先輩から、

「これは、やってみたほうがいい」

とアドバイスされたことは、必ずやるようにしてみてほしい。

たとえば、「これ、仕事に役立つよ」と紹介された本はすぐに買って読んでみる、おすすめされた講座を受講してみる、といったふうにだ。

✲成功者はいつでも「行動が早い」

成功者は、何事でも行動が早い。

逆に「何もかも、うまくいったためしがない」という人は、「わかりました」と口では言うものの、絶対に行動に移さない。言われたことをメモにとったとしても実行には移さない。

役者をしている知人が、「鑑定をしてほしい」というので視たことがある。京都のあたりに強い運気を感じたので、「京都で仕事を展開していけるのではないか」と話したが、

「京都は縄張りやしきたりがあるから……」

と、行動できない理由を並べ始めた。要は動きたくないのだろう。

そこで、最低限の運気アップ法、ラッキーカラーやアイテムなどを教え、役者としてはあまりよい未来が視えなかったので、マネージャーや演出家、脚本家としての道

も鑑定したが、聞いただけで終わったようだ。もちろん、その後の変化は感じられない。

そもそも、フリーランスで仕事をしている人は仕事に臨むにあたり、目標設定をしてほしいと思う。

たとえ今の自分にとって夢物語のように響いたとしても、役者であれば「大河ドラマに出演する」「ドラマの主役に選ばれる」、歌手であれば「紅白に出場する」「日本武道館でコンサートを開く」など、具体的に宣言することだ。

そうでなければ、覇気のないまま、ずるずると日々が過ぎていくことになる可能性が極めて高い。

成功者には成功するだけの理由があるし、うだつが上がらない人にはそうである理由があるのだ。

Column

「眠り」が結界を強くする

修行時代、師匠から真っ先に言われたのが、

「二十四時間、寝ている最中も金色のオーラを出せるようになりなさい」

というものだった。

金色のオーラとは、霊や魔を滅するためのものだ。

我々のような霊能者が、霊たちから最も狙われやすいのが夜の睡眠時だ。睡眠時であっても、霊の気配に気を張り、完璧に除霊ができなければ、命を落とすことにもなりかねない。


昔、何かの本に「とある剣豪が寝ているときに敵に襲われた。しかし、眠ったまま

枕元にあった剣を抜き、相手を斬《き》って鞘《さや》に納めて寝た」という一説があった。

つまり、無意識に殺気を感じ、攻撃に対応できる技術を持っていたというのだ。これは、**オートセンサーの結界**のようなものだといえる。

ただ、霊能を生業《なりわい》にしていない人は、眠りこそ大切にすべきだと思う。

実際、私も常に気を張っているとはいえ、体はしっかり休めるようにしている。というのも、**眠りが結界を強くする**というのもまた、事実だからだ。

人間も動物だ。眠りによって脳を休めると、危機を察知する能力はもちろん、インスピレーションも確実に高まる。

要は、**脳を休めることが重要**なのだから、「夜、よく眠れない」という人は通勤のバスや電車の中で目をつぶるだけでもいい。在宅ワークの人なら、短い時間、横になってもいいし、椅子に座ったまま仮眠するだけでもいいだろう。

私もたまに仕事の移動で電車を利用することがあるが、車内ではほとんどの人がスマートフォンの画面しか見ていない。誰も車内の様子を見ていないのだ。これだと、隣に危険人物がやってきたとしても気づかないのではないかと、ゾッとすることがある。

私は、電車に乗る際は、必ず周囲を見回すようにしている。安全そうだと感じたら、脳を休めるために、意識的にひたすらボーッとしている。こうした空白の時間は、瞑想的な時間になる。

「脱力の時間」を作ることで、ここぞというときに最大限のパフォーマンスを発揮できるよう、自分を整えている、というわけだ。

4章

「環境のパワー」をいただきなさい

魔を寄せつけない日常空間の作り方

さて、2章で土地の浄化の重要性について書いたが、**住環境を整える**ことも、「結界」を張る上で重要だ。

あなたが現状に満足していないのであれば、声を大にして引っ越しをすすめたいが、物理的にも金銭的にもなかなか簡単にできることではない。

そこで、今住んでいる場所を変えずに手っ取り早く運気を変えたい、守りを強くしたいと願うなら、リビングでも寝室でも、まずは**自宅で自分が一番長くいる場所を改善**してほしい。

部屋が狭くてゴチャゴチャしていると感じるなら、ひとつずつでもかまわないので不要なものを処分していくこと。運のいい人の部屋はたいてい、スッキリしている。

運気を上げ、自分の守りを強くしていくために、整理整頓は不可欠だ。

そして、ポスターでも本でも楽器でも家族や推しの写真でも、何でもかまわないので、とにかく「自分が好きなもの」を見える場所に置いてほしい。

結界を強くするには、「自分が機嫌よくいられる空間」を作ることが何より肝心なのだ。

これはどんな職業に就いている人であっても、自身のメンタルを良好に保つために効果的だ。

「好きな曲」「流行の曲」が持つ重要な要素

そして、部屋が整ってきたら、音楽にも目を向けてほしい。**音楽でも結界が張れるからだ。**

では、どんな音楽をかけるとよいのか。一時期モーツァルトが脳にいい影響を与えるともてはやされたこともあり、何となくクラシックをかけるとよいとイメージする人もいるかもしれない。何百年も世界中の人々に愛され、演奏されてきた楽曲たちだ。

確かに悪くはないが、「クラシックは性に合わない」という人もいるだろう。
そこでおすすめしたいのは、やはり自分が好きだなと思える曲だ。「それも特に思いつかない」というのであれば、あなたが一番音楽を聞いていた頃、たとえば思春期や大学生の頃など、**これまでで最もポジティブな気持ちで音楽を聞いていた頃の曲**をおすすめしたい。

今、リアルタイムで流行している曲をかけるのもいい。流行の曲にはそれなりのエネルギーがあるからだ。ここでも流行っている曲ならなんでもいいというわけではなく、「好きだな」と思える曲を選んでほしい。
ひと昔前、当たり前のようにＣＤのセールスがミリオンセラーを達成するという時代があったが、そうした曲をかけるのでもいいだろう。それだけ多くの人に支持された曲には、やはり、時代を揺り動かすようなパワーがあふれているから、今流してもエネルギーをもらえる。

高度成長期の頃の曲にも、当時の活気がよみがえってくるような力強い曲が多く、おすすめできる。私自身、今聴いても気持ちがいい。

そして、時間が経っても愛される曲には、パワーが宿っている。ビートルズの曲などは、その典型だろう。

「この曲を聴いていた頃は調子がよかった」

「この曲をかけていたら、運気が上がった」

などの実感があれば、一定期間、聴き続けてどんなことが起きたかメモにとってみるのもおすすめだ。自分を被験者にして簡単に「運気の実験」ができるので、楽しい開運法ともいえる。

ぜひ、実践してみてほしい。

美術館・博物館のパワーにあやかるコツ

霊力の持ち主が書いた字には、一種の結界を生み出すパワーがある。

実際、私は自宅をリフォームしたとき、自分で「お札」を書き、夜中にこっそり現場に忍び込んで、そのお札を床下や壁に貼ってまわった。

ちなみに、「お札を書くときは墨と筆で」などという話を耳にすることもあるが、私がよく用いる筆記具はマジックだ。筆でもマジックでも効能に差はない。字の癖や上手い下手も関係ない。その人のエネルギーが、字に転写できさえすればいいのだから。

私は書かれた字を視れば、その字を書いた人の年齢や性別、体調、そして死期すらも判別できる。つまり、それぐらい**文字からはエネルギーが表われ出ているのだ。**

「伝説のギタリスト」のサインで運気爆上がり

実は私は去年あたりから、自分の運気がさらに上がっていると感じている。中でも「これは、かなりツイているな」と最も興奮したのは、世界で限定三千部しか発行されていない、レッド・ツェッペリンのギタリスト、ジミー・ペイジの直筆のサイン入りの本を手に入れたことだった。

この本の存在を知ってはいた。手に入れたいと熱望もしていた。しかし、何しろ世界で三千冊しかない本だ。お目にかかることすらないだろうと、諦めていた。

それが、渋谷パルコのロックスターのヴィンテージTシャツを扱う特設ブースをふらりとのぞいたところ、陳列されていたのだ。

本を手にした瞬間、これは本物だと手が震えた。価格は十万円もしたが、購入を即決した。つい数秒前まで、二千円のポスターを買うかどうかで悩んでいたことを考え

ると笑いが込み上げもしたが、とにかくお宝だ。レジで、
「大きいので配送することもできますよ」
と店員さんに言われたが、持って帰るに決まっている。重い本を抱え、飛ぶように
して家に帰った。
このジミー・ペイジのサイン本のおかげで、自分の運気がさらに上がったという自
覚がある。
だから私は、有名人のサインを飾る行為について、全く無意味だとは思わない。
「伝説」と称される人物のものはもちろん、運気が上り調子の有名人のサインでも、
字を通してその運気にあやかることができるだろう。

文字といえば美術館や博物館などで、達筆な僧侶が残した書を目にすることがある。
それらを視て「この人は霊感が強いな。文字からすごいパワーが出ている」と感じ
させられることは珍しくない。
たとえば、弘法大師空海には、直筆といわれる『聾瞽《ろうこ》指帰《しいき》』などの国宝があるが、
卓越した霊能力者でもあった空海の息吹が伝わってくるようだ。

これらの書は観るだけで圧倒的なパワーをもらえる。もし実物を目にする機会があれば、見に行って絶対に損はない。

面白いのは、なんとも言えないパワーにあふれた書が、たまにオークションなどで取り引きされているという事実だ。もちろん空海の直筆が出回ることはあり得ないだろうが、ものによって、時には安価で出品されることもある。

そして、こうした書を家に飾れば、たちまちその場が一種のパワースポットになることは間違いないだろう。

「名画のレプリカ」を飾るだけでもいい

絵画も同様だ。ただし、絵画の場合は音楽に比べ、相性が強く出る。

私がこれまで見た中で、強いエネルギーが残っていると感じ、かつ私と相性がいいなと感じた画家はゴヤだ。

逆に合わないのはゴッホだ。絵を見た瞬間に、頭がぐわーんと重くなり、痛みを感じた。ゴッホの絵画からもかなり強いエネルギーが出ているが、私とは相性が悪かった。

万人にとってポジティブなエネルギーが得られるだろうと太鼓判を押したいのは**東山魁夷**《ひがしやまかいい》だ。彼の絵を初めて美術館で見たときは、あまりの強いエネルギーに驚いた。彼の森の絵を見ていたら、森が動いたのだから。そんな経験は初めてだった。

また、日本人にとってハズレがないといえば、**浮世絵**だ。一般的に「名作」とされている浮世絵からは、どれもいいエネルギーが出ている。**葛飾北斎**《かつしかほくさい》の絵など、いつ視ても感嘆する。

洋画でも、日本画でも、教科書に載るような有名な絵にはまず、ハズレがない。ただ、変な死に方をした作家の作品は、やめておくのが無難だ。ネガティブな念が絵に転写されていることがあるからだ。

こうした絵のレプリカを飾るだけでも場のエネルギーは確実に上がる。

目当ての作家の展覧会に行って買ったポストカードやポスターを飾るのでもいいが、さらにいいのは、「実物の写真」を入手することだ。

お目当ての絵画が撮影可能なら写真を撮り、携帯電話の待ち受け画面にしたり、家で眺めるという行為は大いにありだ。

つまり、**美術館や博物館は一種のパワースポット**だといえる。これらの場所に展示や保管がされている品々は、いずれもそれなりのパワーを発しているからだ。

展示品として、国宝はまずハズレがない。**代々皇室で受け継がれてきた宝物**も、驚嘆するようなパワーを発しているものが多い。

そして、皇室関連で特に強いエネルギーを感じるのは、**奈良時代や平安時代の宝物**だ。

時折「天平文化展」などと称して奈良時代の国宝が展示されることがあるが、強いエネルギーをもれなくいただけることは間違いないので、ぜひ足を運んでみてほしい。もちろん「正倉院展」などで得られるパワーについては、言うまでもない。

歴史的な絵画や宝物だけでなく、漫画やアニメ作品などでも、もちろん応用は利く。

私は、漫画『あしたのジョー』の長年のファンということもあり、ちばてつや先生の直筆サイン付きのポスターを部屋に飾っている。パワーを与えてもらっているのはもちろんだが、何度この絵に励まされたことか。

おかげで私の部屋は、男子高校生のそれのようになっているが、今なお運気が上がり続けているのを感じている。

「障りのある土地」に結界は張れるのか

ここまで読んできて、「整理整頓をしたり、好きなものを飾ったりするくらいで今の自分の苦境が改善されるとは到底思えない」と思うほど、今現在の自分の結界があまりにも弱く、運気も最悪の状況だと自覚している読者もいるかもしれない。もし、そうであれば、選択肢はどうしても引っ越し一択だ。

土地は運気を左右する重要な要素だ。**とにかく八方ふさがりだという人は、無理をしてでも、運気がいい場所に住む**ことをおすすめしたい。

私は仕事で「土地に染みついた祟りを鎮めてほしい」といった依頼をよく受ける。しかし、住所を聞いただけで「ここはダメだ」と悪寒が走ることがある。

以前、

「自殺者が多い集落に住んでいるのですが、先日、妻が隣家の方のご遺体を発見し、寝込んでしまいました。とりあえずエスパーの本に書かれていたように生花を飾ったり、除湿機をかけるなどを実践していますが、これで大丈夫でしょうか？」

という電話を受けたことがある。

結論から言うと、このような土地では、生花も除湿機も役には立たない。たとえるなら末期ガンを患っている人に「健康にいいから」と、サプリメントを渡すようなものだ。

自殺者が多数出るほどマイナスのエネルギーに満ちた土地であるなら、除霊をして結界を張らなければ、どうしようもない。

ガン細胞を手術で取り除くように、私のような人間が処置を施《ほどこ》さなければ、どうにもならないのだ。

その家に大して思い入れがなかったり、すでにある程度の年齢になっていて、近い将来、施設などにお世話になりそうであるならば、いっそのこと手放して、引っ越したほうがいい。

先祖代々住み続けた土地でどうしても手放せないのなら、こうした土地でも鎮められる能力とパワーを持つ人物に対処を依頼すれば、なんとか住めるようにはなる。

ただ、除霊できたとしても、ゼロからプラスの場所に変換するのは難しい。

だからこそ、**新しい場所に引っ越しをする際は、土地の由来や前の持ち主について、神経質なくらい調べる**ことだ。


知り合いから、「この場所、よさそうなんだけど、どうかな」と、相談を受けたことがある。

見ると、ガンで逝去した有名キャスターが住んでいた場所だった。

あまり知られていないが、実は彼の奥さんもその三年後にガンで亡くなられている。

霊視すると、住んでいる人の健康面にトラブルが起きる、そんな土地だった。そこで、

「土地のエネルギーがちょっと弱いかもな」

と、知り合いが事前に選んでいた、他の候補をすすめた。


実は都内には「ああ、あそこね」というくらい、名前が挙がるマイナスのスポット

がある。今はインターネットで簡単に調べられる。「よくない」とされている場所には近づかないのが一番だ。

「住む場所」と「仕事運」の不思議な関係

住居といえば、とある相談者から、

「結婚をしてアパートに引っ越した途端、仕事運がみるみる上がりました。でも、そのアパートは古くて駅から遠かったので、ほどなくして新しいマンションに引っ越したんです。すると、途端に仕事がうまくいかなくなりました。住む場所が悪いのでしょうか」

という相談を受けたことがある。

霊視をしたところ、彼らが転居したマンションに問題は見られなかった。ただ、前に住んでいたアパートの**土地が持つパワー**がすごかった。

聞くと、もともとは**大変なお金持ちがそこに別宅を持っていた**のだという。

「まだ空いているようだったら、絶対に改めて借りたほうがいい」と話すと、私の目の前で不動産会社に問い合わせを始めた。運よくまだ入居者がいないとのことだったので、すぐに借りるようすすめた。

その後、月に何度かは、そのアパートで寝泊まりをするようにしたところ、いい具合に仕事が回り始めたのだそうだ。

場所のパワーが強いと、それぐらい顕著に運気に表われるのだ。

また、こんなケースもある。

相談者の中に、アルバイトでライターの仕事をしている人がいた。あるとき、引っ越し場所の相談をされたので、霊視をしていくつかピックアップしてあげた。

話をしながら、「この人は今後うまくいきそうだな」と感じていたのだが、私が候補として挙げた場所に引っ越したところ仕事が軌道に乗り、今では物書きを本業にして大活躍している。

〝アゲマンのそばにいる〟という結界術

運気を上げる手っ取り早い方法のひとつに、**「運がいい人のそばにいる」**というものがある。

中でも、当人はもちろん、そのまわりもうまくいっているような人とは、ぜひお近づきになってもらいたい。その人は「アゲマン」の可能性が高いからだ。

今、私が最強のアゲマンだなあと感じるのは、大谷翔平選手の奥さんの真美子夫人だ。

彼女をテレビで初めて見たとき、大谷選手はさすがだなあと感嘆したものだ。アゲマンとひと言で言っても、相性もあるのだが、彼にとって真美子さんはこれ以上ないくらいのアゲマンだった。

真美子さんは、大谷選手にとって間違いなく一種の「結界」になっている。結婚後さらにプレイに磨きがかかり、それまでウワサで持ちきりだった違法賭博疑惑が一気に吹き飛んだのも、一部には奥さんのパワーもあると思う。

ちなみに、石破茂総理の奥さんもアゲマンだ。

申し訳ないが、私には彼が総理になれる未来は視えてはいなかった。そのため総裁選に勝利し、第二十八代自民党総裁に選出されたときは心底驚いた。しかし、テレビに映った奥さんを見て、なるほどな、と納得した。ひと目でわかる、アゲマンの相をしていたからだ。

ちなみに、大物政治家や大成功している実業家の奥さんには、アゲマンが多い。

「サゲマン」に選択を委ねるな

こんな話もある。

ある芸能事務所の社長から、所属俳優の住まいについて相談を持ちかけられた。

「いい俳優なんだけど、最近、いまひとつパッとしない。これから引っ越しをするというので、候補に挙げている物件や場所を視てほしい」

と言う。

そこで霊視をしたところ、今住んでいる場所も、引っ越し先として候補に入っている住居もあまりよくなかった。

「とにかく、今住んでいる場所はよくないよ」

と話すと、

「やっぱり。私もちょっとまずいんじゃないかと思っていたの」

と言うので、人気運が上がるであろう物件を霊視し、いくつか提案した。


ところがその俳優は、私が問題ありと視た住居を選んだ。下見に同行していた彼の奥さんが気に入って、有無を言わせず契約してしまったのだ。

それから、その俳優をテレビで見かけることがない。

そもそも奥さんがいわゆる「サゲマン」だったようだ。社長は、「彼は今、子育てに追われているからね」などと話していたが、単に仕事の依頼がないだけだと思う。

ちなみに、この芸能事務所の社長は「アゲマン」だ。

こちらのアドバイスに耳を貸さなかった俳優は見限って、新人に力を入れようとしているというので写真を見せてもらったが、いかにも伸びそうな子だった。

この社長は本当に運気が強く、この事務所から離れると、みな仕事がうまくいかなくなっている。**「アゲマン」のそばにいるだけで、運気が守られ結界が強くなる**という典型を見るような気がする人物だ。

「座敷わらし」は最強のアゲマン!?

アゲマンといえば、二〇二四年は岩手県二戸《にのへ》市の金田一温泉にある「**緑風荘**《りょくふうそう》」という宿を二度も訪れる機会があった。

読者の中には、宿の名前を見ただけでピンときた人もいるかもしれない。緑風荘は**「座敷わらしが現われる」**ことで有名な旅館だ。

座敷わらしとは、岩手県をはじめとする東北地方に伝わる子どもの妖怪だ。気に入った家に住み着き、時にはいたずらをすることもあるが、大切に見守っていると家に富をもたらすと言い伝えられている。

岩手には各所に座敷わらしにまつわる伝説が残っているが、特に緑風荘の座敷わらしは「**亀麿**《かめまろ》」という名前もあり、現在に至るまで多くの人が宿泊中にわらしの気配を感じ、幸福を持ち帰っているという。

緑風荘の座敷わらし「亀麿くん」との交歓

ここ数年、私が訪れる機会が増したのは、定期的に実施しているパワースポット・ツアーの参加者が、
「緑風荘に宿をとったら、エスパーも来てくれる？」
と提案してくれたからだ。「もちろん」と二つ返事で答えると、とんとん拍子で複数人でのツアーが決まった。

感想はまず、「本当に心地のいい宿」だ。

二〇〇九年に火事に見舞われ、築三百年にもなる建物が焼け落ちたという話を聞いていたため、座敷わらしの存在について少しの危惧《きぐ》はあったが、その場に居続けていてくれたようだ。

そもそも、緑風荘の座敷わらしには、由来がある。

南北朝時代、南朝の後醍醐《ごだいご》天皇に仕えていた宿主の祖先が北朝に追われる道中、こ

の地で六歳になる息子の亀麿くんを亡くしたという。病死だった。亀麿くんは息を引き取る前に「末代まで家を守り続ける」と言い残したそうで、敷地内には「亀麿神社」が建立され、今も大切に祀《まつ》られている。

当日は、何よりも亀麿くんの好きなものをと、好物を霊視し準備して臨んだところ、やってきてくれた。彼は毎晩、出る時間帯と場所が決まっているようだった。霊能力がない人間の目には見えない。それでも私が、

「ここにいるよ」

と、手をかざすようにツアーのメンバーに伝えると、女性はピリピリとしたものを、男性はあたたかい何かを感じたという。

「本当だ！　いるよ！」

と、参加者は、みな一様に興奮していた。

とはいえ幸運にあやかるには、就寝中に亀麿くんに踏まれたり、突かれたりする必要があるようだ。

ただ、私の顔を覚えてくれたようなので、今後も定期的に訪れられたらと思ってい

る。

あの相撲部屋のフィーバーにも……

座敷わらしに会うには、東北まで行かないといけないか、というとそうでもない。

ひと昔前、「藤島部屋」という相撲部屋の力士たちが相撲界を席巻していた。

親方は「角界のプリンス」と呼ばれた元大関・貴ノ花で、力士となった息子たち、若乃花と貴乃花は若貴兄弟と呼ばれ、とんとん拍子で横綱に昇進した。

部屋にはさらに大関の貴ノ浪、関脇の貴闘力、安芸乃島《あきのしま》、そして豊ノ海といった、錚々《そうそう》たる力士がいた。

この「藤島部屋」が中野坂上にあった頃、「座敷わらしが住み着いていた」という話がある。

当時、所属していた力士が就寝中、ふと気配を感じて目をやると、ふすま越しに子どもが佇《たたず》んでいるのを「見た」というのだ。この力士は翌朝、女将さんの花田憲子《のりこ》さん（当時）に話したところ、

「何、寝ぼけてんのよ」

と笑われたというが、その後、みるみる部屋が隆盛《りゅうせい》していった。

ただ、座敷わらしのパワーには持続性はない。座敷わらしがいなくなれば、パワーは失われる。何がきっかけだったのか不明だが、この部屋の座敷わらしは、あるとき急に立ち去ってしまったようだ。

その後の部屋の状況は、語るまでもない。

❇座敷わらしがいた「伝説のバー」

かつて、六本木ヒルズの斜め前に、芸能界御用達として有名な「マンディ」というレストランバーがあった。

芸能人の社交場とも呼ばれ、全盛期は大物芸能人たちをひと目見たいと、入店に四時間の行列ができることもあった。

このマンディのカウンターのあたりに、「座敷わらし」がいたという話がある。

実は私も数回訪れたことがあるのだが、確かに座敷わらしの気配を感じた。お店のママさんはマンディ田中さんというオネエさんだったのだが、ガンになってお亡くなりになった。直後に久しぶりにお店に行ってみたが、座敷わらしの気配はなかった。

このように、都内で行列ができるような人気店には、「座敷わらしがいる」というウワサをちらほら聞く。

中央区月島に、ブラッド・ピットが絶賛したことで一躍有名になったもんじゃ焼きのお店があるが、ここにも座敷わらしがいるという話を耳にしたことがある。

突然人気が出始めた飲食店には、座敷わらしがいる可能性が高いのではないかと思うことがある。もちろん、味や店の雰囲気、立地も要因ではあるだろうが、「なぜ、この店が」と疑問を抱くような店には、割といる。

こういうお店は、並んで入ってみる価値はある。運気を上げたいと日頃から思っているなら、閑散としている店に入るよりも、多少、時間やお金がかかっても、行列店に並ぶことをおすすめしたい。

逆に、駅前の一等地にありながら経営者がころころと変わる店を視ると、土地のエネルギーがよくないことが多い。

こういう店は、家相や風水を整えても効果がない。たとえると、冷水に浸かっているようなもの、とでも言おうか。私に言わせると、座敷わらしがいるお店は温泉に浸かっているような心地よさがある。


ちなみに私はよく、**帝国ホテルの地下の虎屋菓寮**を利用している。

座敷わらしがいるわけではないが、この店を利用すると運気が高まる。

虎屋でいうと、銀座七丁目にある店舗もいい。虎屋が好きというよりも、運気をチャージしたいから、私は頻繁《ひんぱん》に訪れる。

虎屋は、もともと土地のエネルギーを上手く活かしてきたのだと思う。

以前、京都でパワースポット巡りのツアーをしたとき、京都御苑と京都御所を訪れた。

御苑の中でも特にパワーを感じた場所の真西に、虎屋の創業の地があったようだ。

なるほどね、と納得したものだ。

❃座敷わらしは家に呼ぶことができる

実は、私は家に座敷わらしを呼ぼうと試みたことがある。

家族の承認を得て、ある年のお正月の二日、家族が外出しているときに試してみたところ、成功したようだ。

その日から家族が、

「ねえ、さっき二階に上がってきた？」

だとか、

「部屋の戸を叩いた？」

などと言い出し始めた。「いる」気配も感じた。

と、喜びも束の間、二週間ほどしてその気配が消えた。直後、私はひどい風邪をひいた。

座敷わらしは、地縛霊のように一カ所にとどまってくれる存在ではない。気ままに動く。定着してくれるといいが、いなくなると運気が上がっていた分、ガクッと下がったような心地にさせられる。

もう一度呼んでみたいな、という気持ちはあるが、当分は無理だろう。犬を飼い始めたからだ。

また、座敷わらしがいそうな場所や、運気のよさそうな店を訪れる程度のあやかり方のほうが気軽でよいとも思う。

「運気のいい場所」のパワーを摂取する法

さて、ここで強い結界が張られている土地について書いてみたい。

「最強の場所」は、なんといっても**皇居**だ。

結界力を高めたいなら、皇居の中を散歩するのもいい。

一押しは、江戸城跡だ。今は足場しか残っていないが、あの辺りが一番いい。

皇居の中には休憩所がいくつかある。こうしたスペースで自販機で購入した飲み物で一服するのも、すごくいいと思う。

もちろん、外苑内のカフェやレストハウスでお腹を満たすのもいいだろう。

皇居の周辺も悪くない。皇居は一周五キロと距離がわかりやすいこともあり、常に多くの人が散歩やランニングを楽しんでいるが、こうした行為もとてもいい。自転車で回っても同様のパワーが得られるだろう。

さらに、**徳川家が所有していた土地**にも、ハズレがない。ちなみに近年の天皇陵のほとんどは、明治維新まで徳川家が所有していた場所だという。

とはいえ、こうした場所に居を構えるのは不可能だ。

日本橋や**銀座**、**白金台**あたりもエネルギーが強い土地だが、地価を考えると、そう簡単に住める場所ではない。

ちなみに**土地のエネルギーが作用するのは地上五階まで**なので、たとえ日本橋や銀座、白金台に住んでいたとしても、それ以上の階にある部屋には「土地から得られるパワー」は残念ながらない。

銀座に「行きつけの店」を作る効果

ただ、銀座や日本橋、白金台に居を構えられなくとも、こうした場所のパワーを定期的にいただく手立てはある。

運気のいい場所にある飲食店の常連になるのだ。

私が銀座に「行きつけの店」を作って通うのは、そのためだ。

エネルギーが強い場所で飲食をすると、住むほどではないが運気は上がる。さらに、運気がいい人間と同席すると、相乗効果が期待できる。

もし私が勤め人であれば、家と会社を往復するだけの生活はしないだろう。「都心にセカンドハウスを持つ」という感覚で行きつけの店を作り、立ち寄ってから帰宅すると思う。

家庭に子どもや介護の必要な家族がいる場合は、足繁く通うことは難しいかもしれないが、コーヒーを一杯飲んで帰るだけでも、やるとやらないのとでは運気は随分違ってくると思う。

店選びに困ったら、いくつかの店を試したり、客層を眺めたり、客の会話に耳を傾けてみたりして、運気がよさそうと感じるところに通って様子を見てみよう。次第に運気が上向いてきたなら、あなたにとってその店は吉だ。

こうした「運気の開拓」もなかなか楽しいものだ。

繁華街なら先に紹介した銀座や日本橋がおすすめだが、**新宿**も実は悪くはない。特に**伊勢丹付近**がいいだろう。

浅草もいいと思う。私は浅草で頻繁にパワースポット・ツアーを主催しているが、運気がいい場所があちこちにある。年末年始はパワスポ系のイベントで毎週のように通うことが多い。

スカイツリー付近も穴場だ。スカイツリーの辺りには、体がビリビリくるような場所がいくつもある。スカイツリーでお茶を飲むだけでもいいから、気になる人は行ってみてほしい。

「馬込文士村《まごめぶんしむら》」「阿佐ヶ谷《あさがや》文士村」「田端《たばた》文士村」といった、「文士村」と称されている場所もなかなかいい。

著名な人物を多数輩出している場所は、土地にいい運気が染み込んでいる。私もそういった場所に住んだらもっといい文章が書けそうだ、と思えてくるほどだ。

こうした土地が持つパワーは絶大で、作家やミュージシャン、漫画家といったアーティストが特定のエリアから多数輩出されることがしばしばあるが、これも土地のパワーもあったのだろうなと少し納得している。

いい場所にはいい人が集まってくるし、相乗効果で運気も上がるものだ。

他にも、**帝国ホテルのラウンジ**など、おすすめしたい場所はたくさんあるが、拙著『エスパー・小林の運がつく人　霊が憑《つ》く人』（三笠書房《王様文庫》）で詳しく紹介しているので、そちらも参考にしてほしい。東京以外のおすすめの場所もいくつかピックアップしている。

「どこも、自分の家からは遠い」というなら、**「天井が高い場所」**は、だいたいいい。**文豪の定宿**や、**天皇陛下が宿泊されたホテルのラウンジ**もハズレが少ないだろう。

「お地蔵さんが結界を張っている」場所

一方で、これまで「パワースポット」だとされていたにもかかわらず、滾々《こんこん》と湧き出していた泉が枯れてしまうようにマイナスのスポットと化していく場所もある。

ある男性から、

「町内にお地蔵さんがあるのですが、土地を持っていた人が駐車場にしたいからどかしたいと言い出した。お寺にお願いして供養してもらっているケースが多いという話も聞きますが、このままお寺に依頼しても大丈夫でしょうか？」

という相談を受けたことがある。

さっそくその場所を霊視すると、**お地蔵さんが一種の結界**のようになって、その土地一帯を守っていた。

土地を鎮めてくれている神仏の像を動かそうとするとき、もしお願いした寺の僧侶におさめる力がないと、結界が完全に壊れることがある。

この場合、動かした人間のところに障りがあってもおかしくはない。

祠やお地蔵さんの移動で結界が壊れる!?

かつて日本には、家の敷地内に祠《ほこら》を設け、屋敷神とも呼ばれる神様を祀る家がいくつもあった。

今、あまり見かけないのは、「祠を維持することができなくなった」と、魂抜きをし、その場所を別の用途に活用する人が増えたからだ。

私はよく「家」の除霊を依頼されるが、この魂抜きに失敗したケースが非常に多い。

そんなときは、

「祠やお地蔵さんを動かすとは、今までこの土地をガードしてきた壁を取り払うようなものなんですよ」

と、少し小言めいたことを言いながら祓いにかかる。

イメージとしては、畑のまわりの柵を取り払った結果、シカやイノシシに荒らされるようになった、というのに近い。それくらい、特に古くからある祠には結界としての意味がある。

町内の神仏を動かす、というのは、さらに広範囲の結界がなくなることに等しいと考えていい。

個人宅の場合は、そこに閉じ込めていた怨霊的なものが解き放たれてしまったり、眷属《けんぞく》的なものを蔑《ないがし》ろにしてしまい祟られたり、といった危険なケースが多い。

一方、「町内の神仏」であれば、ただその土地を守ってきたエネルギーを消滅させるだけで、そこまで危険ではない。ただし、いつマイナスのエネルギーが流れ込んできたとしても、おかしくはない。

とにかく、古くからその場所で祀られてきたものは、触らないのが賢明だ。

事情があって神仏にまつわるものをどうしても動かす必要があるのなら、軽視せず、私のような霊能者に依頼することだ。

たとえば、こうした土地のエネルギーを司《つかさど》る何かが、

「動かすのであれば、酒と水と米をくれ」

と望んでいるのであれば、きちんとその通りに対処しなくてはならない。しかし、そういう声を聞くことができない僧侶なり神主なりがおざなりに対処すれば、とりかえしがつかないことにもなりかねない。

神仏とされているものは、怒ると怖い。「触らぬ神に祟りなし」という言葉は、いろいろな意味で正しい。

ちなみに、相談を受けたケースでは、私がおさめに行ってしかるべき処置をし、お地蔵さんを別の場所に移動した。

なぜ「ビルの一角」にその祠はあるのか

しかし、残念ながら私のところへ依頼が舞い込むのは、もともとあったお地蔵さんや神仏の祠を廃棄してビルを建てたがために「障りが起きた」だとか、「会社が傾い

た」という段階になってからだ。

一番穏便なのは、祠がもともとあった場所の上に、つまり建物の屋上に移動すること だが、それもよほど上手くやらないとその場にマイナスのエネルギーが流れ込んでしまう。

こうした依頼を受ける度に、

「もし、私が〝視える〟だけで〝除霊〟ができなかったら、とっくに死んでいるだろうな」

と、思う。実はそれほど、神仏の祠を動かすのは危険な作業なのだ。

ところで、私の近所でも、神社の敷地内にマンションを建設するという計画が持ち上がっている。

あまりいい気がしないし、全国で似たような問題が起きていることは、いささか気になっている。

Column

「動く」ことで、いい気が放たれる

「散歩」という開運術がある。

「まわりの景色を見ながら、前を向いて歩くことに時間を使う」

これがとてもよいのだという。

実践している人の中には効果を実感している人も多いと思うが、これはすごく正しいと思う。

「気分転換できる」という意味でもそうだが、「前しか向いていてない」ということが大いにプラスに働くのだろう。

わざわざ「散歩」の時間を作らなくても、通勤や通学のときや、買い物のついでに、

「今日はひと駅分、歩いてみよう」

「いつもは行かないお店ものぞいてみよう」

と、思い立てばすぐにできる、という手軽さもいい。

とにかく足を動かすことで、いい気が巡りやすくなり、結果として運がよくなることはあるだろう。


ちなみに、私は外出中に歩いていたり、電車に乗っていたりするだけで、**「その日の運気のよし悪し」**がわかる。

先日、知人と会う約束があり電車を利用したのだが、道中、

「今日は運気がよさそうだぞ」

と感じていたら、実際、その知人と面白い仕事がらみの話が出てきた。こういう予感は、たいてい当たる。

そして、こうした「運気の判別」は誰にでもできる。

それは決して難しいことではなく、**歩いていて感情がプラスのほうに動けば、その日はたいてい「いいこと」が続く。**

たとえば、

「生垣に花が咲いているのを見て癒された」

「お気に入りの猫と挨拶《あいさつ》できて幸せ」

「信号を待っているときに、好みの異性を見かけた」

といった程度のことでもいい。

電車に乗っていて、

「自分の前の人が立ったおかげで、すんなり座席に座れた」

「赤ちゃんがこっちを見て微笑んでくれた」

「若者が高齢者に席を譲っていて、やさしい気持ちになれた」

というのでもいい。


「出がけにラッキーなことがあれば、その日はツイている」

と思って行動をすると、不思議にツキがやってくる。

自分の中のラッキーをたくさん見つけて気持ちが上がれば、もうこっちのものだといえる。

自分の運気は、少し気にしていれば誰でもわかるし、「運気がよさそうだぞ」と思って実際その通りになれば、日々が楽しくなっていくものだ。

それから自分の「気」の巡りをよくし、運を引き寄せて結界を強くするためには、自分の「機嫌」を優先するに越したことはない。

そして意識してリラックスする時間を作ることで、ここぞというときには実力を発揮しやすくもなる。

たとえば体がキツいなと思うときは体を休めたり、整体院や鍼灸院《しんきゅういん》を利用するのもいいだろう。整体院のいいところは、自発的に動かなくても体を動かし、ほぐしてくれる点だ。

もちろん、疲れているときこそジョギングをしたり、スイミングをしたり、ハイキングをしたりと体を積極的に動かすことでリラックスできて活力も湧いてくるという人もいるだろう。

ウィンドウ・ショッピングでも、音楽を聴きながらドライブをするでも、映画鑑賞をするのでもいい。

料理を作る、食べ歩きをするなんてことでもいい。

要は、好きなことで**気分転換をすればいい。それだけであなたを守る結界の力は強まる**のだ。

5章

あの人との間に結界を引くには

「腐ったリンゴ」を結界内に放置しない

　これまで、ありとあらゆる職業の、年齢もさまざまな人たちの相談を受けて霊視をしてきたが、

「そんな相手とは、今すぐにでも縁を切れ！」

と、何度言ったかわからない。

　私のところに来る相談者の悩みの大多数は健康と霊障、そして何といっても**人間関係**だ。

　人づき合いの悩みは、はたで聞いていると「そんなこと気にするな」と思うことも多いものだが、当事者にとっては耐えがたい苦痛となる。

　あなたにも、「なんでアイツは私の足ばかり引っ張るんだ」と苦々しく思う人がい

るかもしれない。

この「足を引っ張る人」が、上司や部下、友人であっても十分につらいものだ。しかし、身内となると、その苦悩の度合は増し、事態も深刻化するケースが多い。

そこで私が絶縁をすすめると、ほとんどの人が、

「でも、いい部分もあるんです」

などと、その人物を庇《かば》う。確かにいい部分もあるのだろうが、私のところまで足を運んだ耐えがたい苦痛の原因がその人物との関係にあるのなら、一刻も早くその原因を取り除くべきだ。

実はかくいう私にも、過去に「足を引っ張る人」に悩まされた経験がある。

「誰と組むか」で運勢は大きく変わる

駆け出しの霊能者だった頃、私はとあるアイドルグループの心霊番組のサポートをしていた。

おかげでテレビの仕事も順調に入り始め、急激に忙しくなった。そんなときに出会

ったのが「芸能関係やテレビの仕事に強い」という触れ込みのAという女性だった。話の流れで事務と電話番をお願いすることになったのだが……。これが大失敗だった。


あるとき、事務所に一人でいると、仕事でお世話になった農家さんから、

「エスパー、僕のお米食べてもらえましたか？　もう少し送りましょうか？」

という電話がかかってきた。米なんて初耳だ。農家さんの勘違いではないかと思いつつも対応し、Aに、

「農家さんからお米が送られてきたの、知ってる？」

と聞いたところ、無断で持ち帰ってしまっていたことがわかった。


実はこの電話を受けるまでにも、いくつかの違和感があった。そこで彼女の仕事内容をチェックしてみると、私の事務所への問い合わせや送られてきたものが、いくつも「なかったこと」にされていたことが判明した。

周囲の人間に聞くと、彼女はスケジュールの調整もろくにできない人間だということもわかった。

ただ、Aは芸能関係やテレビの仕事には強かった。そして口がうまかった。彼女をクビにしてしまえば、私は「干される」。しかし、彼女を切らない限り、足を引っ張られ続ける。

そこで私は一年間、あらゆる仕事をストップした。

自分の将来を思ったとき、それが最適解に感じられたからだ。その結果、Aは自ら私のもとを去った。そして、私は仕事を立て直すことができたのだ。

誰かにマネジメントをまかせることで仕事の効率は格段に上がるだろうが、「足を引っ張るだけの人間」と関わってしまうと運も急降下してしまう。やはり**「誰と一緒に仕事をするか」「誰とつき合うか」はあなたの運勢を大きく左右する**のだ。

そして、足を引っ張るような人間と関わらないように結界を張ることが必要になる、ということだ。

絶対に関わってはいけない「ヤバい人」

人間関係で悩んだら、**「自分の環境を見直す」**というのが一番シンプルだ。

世の中には、絶対に関わってはいけない「ヤバい」人は確実にいる。

そんな輩《やから》に出くわしたら、友人・知人なら縁を切る、職場であれば何とかお引き取り願うのが一番だ。

記憶に新しい人物を挙げると、大リーグ・ドジャースの大谷翔平選手の通訳をしていた水原一平だ。

水原氏の賭博問題に関しては、さまざまな陰謀論が囁《ささや》かれているが、私が視たところ「大谷は一切からんでいない」と断言できる。彼は純粋に、野球が好きで野球だけをしていたいタイプの人間だ。

水原氏のギャンブル依存症が発覚した当初は、

「大谷選手は一平さんに支えられていた部分が大きい」

と、水原氏の解雇による大谷選手のスランプを危惧する声があった。

しかし規格外のスターであり驚異的な結界が張られている大谷には、かすり傷にもならなかった。

蓋を開ければ、五〇‐五〇（五十本塁打、五十盗塁）を達成し、ナショナル・リーグの最優秀選手（ＭＶＰ）にも選ばれた。アメリカン・リーグのエンゼルスに所属していた二〇二三年に続いて二年連続三度目のＭＶＰの獲得で、これまで以上の大活躍だったのである。

自分にいい影響をもたらさない人間は、いくらその人にプラスの部分があっても、自分の運気を守るためにつき合いを断ったほうがいい。

非情に思われるかもしれないが、いくら結界を張っても、結界内にクラッシャーがいては、元も子もないのだ。

ストレス源になる「変な人」を打ち払うには

ここまで「ヤバい相手とは自分の結界を強くするためにも縁を切れ」と書いてきたが、「そうはいっても同じ空間にいなくてはならない」のっぴきならない事情があることも多いだろう。

同僚だったり何かの集まりのメンバーだったりと、同じ空間にいなくてはならない誰かから自分を守りたいのであれば、最も簡単に結界を張る方法として**ラッキーカラーを持つこと**がある。

ラッキーカラーは、あなたを守ってくれる。

というのも、ラッキーカラーで運気を上げると、いわゆる「変な人」があなたの元から離れていくからだ。

ラッキーカラーについては、拙著『エスパー・小林の運がつく人　霊が憑《つ》く人』の付録に生年別で紹介しているから参考にしてほしい。

また、自分のラッキーカラーではなかったとしても、**白、黄色、赤などの明るい色を身につけていると悪しきものは寄ってきにくい**ものだ。

特に白は、着ていると「汚さないように」と気が張るかもしれないが、この「気が張る」ことが実は結界になっているのだ。

ラッキーカラーを肌に密着させる

では、ラッキーカラーを具体的にどう活用すればいいのか。効果的なのは**肌に密着させること**だ。

ちなみに私は、ラッキーカラーの黄色と青を下着に取り入れている。

まだインターネットが普及していなかった頃に、黄色のパンツを銀座三越で買い占めたこともある。黄色のパンツばかりカゴにポイポイ入れる私を、店員さんが訝《いぶか》しそうに見るのでつい、

「劇団の衣装係で黄色いパンツがたくさんいるんですよ」

などと、苦しい言い訳をしたことがあった。黄色と青の靴下を求めて、商店街をさまよったこともある。

今ではパジャマも青か黄色にしている。シーツも枕カバーも青系だ。

❇「年収五倍達成!」の結界術

相談者の中で、身のまわりのものをほぼラッキーカラーで揃《そろ》えたら運気がすごくよくなったという男性がいる。

以前にも書いたが、彼は、

「君のラッキーカラーは赤だよ」

と言うと、すぐに下着からネクタイ、ハンカチやパスケースに至るまで、すべて赤で取り揃えた。会社の同僚に「赤い人」と呼ばれるほど、それは徹底していた。

その後、転職によるグレードアップを繰り返し、

「おー、ラッキーカラーが青になったね」

と告げると、今度はすぐに全身を青系で統一した。

このラッキーカラーの結界術を徹底した結果、**今では私と出会った頃と比べて年収が五倍以上になっている。**


実は出会った当初の彼は、会社の同僚から、

「あいつ、才能ないよ」

と、陰口をたたかれていたそうだ。それが今や年収が五倍にもアップしたのだから、いかにうまくいったかということだ。

色ですべてが支配できるとは言わないが、この男性くらい徹底できたらすごい。その「気合」がすでに、いいことだけを引き寄せる結界となっていることは確かだろう。

挨拶は結界術の一種

私のもとには、「子どもがいじめを受けているが、どうしたらいいか」という相談者がしばしば訪れる。

こうしたケースでも、まずはその子にとってのラッキーカラーやラッキーアイテム、ラッキーナンバーなどを身のまわりに配置するようアドバイスする。こうした「開運アイテム」で、まず一種の結界を張ってもらうのだ。

その上で、個々のケースに応じた処置について伝授する。

また、大人であっても、暴言を吐かれたり無視されたりと、誰かに傷つけられて苦しい思いをしている人もいるだろう。

いじめという問題が発生したとき、非があるのは圧倒的に加害者だ。いじめの加害者こそ、何らかの対処を受けるべきだと思う。

一方で、被害者側に対しても、行動の仕方に少し気をつければ有効な結界が張れることもあるのになと、残念に思うことがある。

そして、その行動の中でも最も取り入れやすく、効果があると感じているのが**挨拶**だ。

挨拶は、結界術の一種と言っていい。

誰かから一方的に攻撃を受けているとき、攻撃するほうもされるほうも、「自分は自分、他人は他人」という当たり前のことがわからなくなっているように感じる。つまり、自分と他人との境界線が曖昧《あいまい》になってしまっているのだ。

「自分は自分、他人は他人」という当たり前のことが理解できなくなっているが故《ゆえ》に、攻撃する側は「○○すべきだ」と断じたり、暴言を吐いたりする。

ただ、そこには正義感があるため、加害をしている側には罪悪感が湧きにくい。

暴言も暴力も無言の攻撃も「自分は正しい、相手は間違っている」と思い込んでいるからこその行為であって、自分の考えをみじんも疑っていないのだから、行為もエスカレートしやすいのだ。

一方、攻撃を受ける側も「自分は自分、他人は他人」と相手の言動を受け流すことができず、気に病んでしまっている。

✻相手と自分の「境界」をわきまえておく

そこで、挨拶である。

挨拶は、自他に境界線を引く行為だ。

日本の伝統的なお稽古事では、開始前と終了後には必ず挨拶をする。

中でも茶道では、招かれた客は挨拶をする際、正座をし自分の前に扇子《せんす》を置く所作をする。この扇子は、相手側とこちら側の結界線を示すのだという。

そして、挨拶を終えると、扇子を自分の背後、もしくは脇に置き直し、結界を解く。

一連の動作が終わると再び、正座をした自分の前に扇子を置き、頭を下げて挨拶をし、結界を張る。

ちなみにこの扇子によって境界線を引く作法は、道具を見たり、掛け軸や季節の植物が飾られた「床《とこ》を拝見する」際にも行なわれる。

この動作は落語でもお能などでも見られるが、こうした挨拶は拒絶というよりも相手を敬うが故に自分と相手とを区切る、わきまえを知るという意味を持つようだ。

そうした作法にふれるたびに、少なくとも大人同士の関係であれば、相手に敬意を払いつつも自他の境界線をはっきり引くことをイメージしながらの挨拶を心がければ、理不尽な被害を受けることも減らしていけるのではないかと思う。

苦手な相手に挨拶をすることに抵抗がある人は、軽く会釈をするだけでもいい。そうすることで一種の「区切り」ができるのだから、やって損はない。

挨拶をして無視された場合は、「この人は挨拶をして自他をきちんとわきまえることすらできない、ノーガード状態の可哀想な人だ」と思えばいい。

だいたい挨拶をされても無視をする人など、まともな人ほど忌避するものだ。

挨拶は、苦手に思っている相手に限らず、家族やパートナーなど親しい間柄でも必要だ。家庭内がギクシャクしていると感じている人も、取り入れてほしい。

常識的に考えても、挨拶ができる人とできない人とでは、できる人のほうが周囲から愛されるのは自明の理だ。

挨拶ができるだけでも、人生の難易度はずいぶん変わってくるだろう。

「頼れるコミュニティ」を複数持つ

いじめ問題に限らず、人間関係に苦しんでいる人たちに私はよく、**「属するコミュニティをもうひとつ作る」**ことを提案している。

所属するコミュニティがひとつしかないと、どうしてもそこに依存しがちになり、結界が弱くなるからだ。

小学生や中高生など、子どもが「いじめ問題」で追い込まれやすいのは、属するコミュニティが学校や部活に限定されてしまいがちだからだ。

友人関係にしても、「仲良しグループがひとつしかない」人ほど、メンバーの顔色をうかがい続けてみたり、独り善がりな正義感を押しつけられたりすることになり、そうしたストレスから学校に行けなくなってしまう。

❋「人と人とのつながり」がもたらす結界

私のもとによく寄せられる悩み事に「ママ友問題」がある。

「子どもの幼稚園で、私だけママ友がいなくて一人ぼっちでつらい」

といったものが主だが、視野をもっと広げ、別のコミュニティを持てばいいと諭しながら霊視をする。ママ友など「その場限り」の関係性なのだから、「友だちを作らなくては」などと気に病む必要はない。にこやかに挨拶するくらいの関係でいいと割り切っておけばいいことだ。

また、上京したての大学生の親から、「娘がマルチ商法に引っかかった」だとか「息子がカルト宗教に勧誘され、洗脳状態になっている」といった相談を受けることもある。これらは自分の属するコミュニティがはっきりしない時期に起きやすい典型的なマイナスの例だ。

マルチやカルトといえば先日、

「親戚の女性が、旦那さんが亡くなったことをきっかけに、カルト的な宗教に入信してしまった。どうしたらいいいか」

という相談を受けた。この相談者の親戚というのが専業主婦で、子どもも独立し、旦那さんだけが心の拠《よ》り所だったのだという。

病院でもセカンドオピニオンが推奨されるように、頼れる場所や人をいくつも持っておくことは、あなたを確実に守ってくれる。つまり、結界になる。

趣味がないなら、町内会の催しなどに積極的に参加するのもいい。人と人とのつながりによる結界は、恐らくあなたが思っている以上に大きい。

最近は、「町内会」という地域コミュニティの結束が薄れつつあるというが、結界という意味では大きな役割を果たすのではないかと思う。

密なつき合いをしなくても、**「ご近所さん」と挨拶を交わし合い、お互いがお互いを認知することで、ある種の結界が生まれる。**

だからといって、「必ず町内会に入れ」という意味ではない。

こんなことを書きながら、実は私自身は町内会には顔を出したことがない。現在の住居が生家である私にとって、ご近所さんとの密なつき合いは窮屈に感じることのほうが多いからだ。

防犯面や災害発生時は心強いと思うが、その一方で、幼馴染みや先輩、後輩もいるので、少し煩《わずら》わしく感じてしまうのだ。

それでも面識がある人と顔を合わせると、必ず挨拶を交わす。

✻人を強くし「守ってくれる」のは人

私はその代わり、常連となっている飲食店が複数ある。その程度でもコミュニティと呼べると思う。

会社勤めをしている人は、会社をコミュニティと呼んでもいいだろう。離れて暮らす家族と頻繁に連絡を取り合うのもいい。

とにかく、自分の現状や想いを知ってもらえる場所がいくつかあるだけでも、「何かあったとき」の安全性は高まるし、自分の守りが強くなる。

自分から人との「つながり」を持とうと意識していれば、極端に言うと孤独死なんていうこともなくなる。

「でも、自分は引きこもっているから……」

という人は、インターネット上のコミュニティでも一向にかまわない。とにかく何らかのグループに属することをすすめたい。

正直、「引きこもり」状態になってしまった人たちは、何とかして外に出るべきだとは思う。身内が亡くなった結果、本人も孤独死するケースは珍しくないからだ。

そのため、引きこもり問題に関しては、当人よりも両親のほうに危機感があるようだ。そして相談をされると、私はあえて厳しめに、

「ご飯を食べさせるからダメなんだ」

という言い方をする。そして、

「子どもにとって、社会とのつながりが『親しかいない』という状況は危険だ」

と、とにかく何らかの「つながり」を作らせることを最優先にしてほしいと伝える。

その上で、霊視鑑定に移る。

「つながり」は、まずは他者と関わることから始めてもらう。たとえば、

「インターネットで、○○について調べてほしい」

と、親から子どもに頼む。そして調べてくれたら、続けて、

「じゃあ、この商品をインターネットで注文して、宅配の荷物を受け取ってほしい」

と話してみる。さらに、

「コンビニに行ってきてほしい」

と、ちょっとしたおつかいに行ってきてもらう。

このように、誰かと関わりが持てるようなことをいろいろ頼むのだ。そうして、人との「つながり」「関わり」を多少なりとも持っていくうちに、少しずつ引きこもりが改善していくケースは珍しくない。

「人」を強くし、守ってくれるのは、どうしたって「人」なのだ。

自分の「立ち位置」も人との関係で確かめられる

コロナウイルスが流行し自宅待機を余儀なくされていた頃、私は友人や知人からよく、「お仕事のほうは大丈夫？」といった心配の声をかけてもらった。

しかし、実は仕事には全く問題がなかった。

相変わらず「祟りを鎮めてほしい」といった依頼は絶えなかったので、新幹線を利用して各地を訪れていた。

さらに、リモートでの運勢鑑定の依頼が増えていたのだ。

興味深かったのは、依頼者のほとんどがリモートワークになったり、自宅待機を命じられたりした会社員だったことだ。

相談の中でも特に多かった内容が、

「私の仕事は、今のままで大丈夫でしょうか？」

というものだ。

確かに接客業などは物理的に仕事が激減し、存続が危ぶまれる会社も多かった。派遣社員やアルバイト・パートをして暮らしている人が不安になるのも無理はなかった。

しかし、「こんな優良企業の社員が不安になるのか」と感じた相談も多かった。「会社」とのつながりが薄れ、社会が不安定になった結果だろうと感じたものだ。

あの頃は、人との交流も飲食店への出入りも制限されていたから、普段から社交に時間を使っている人のほうがメンタルへの打撃も大きかったかもしれない。

そんな中、「オンライン飲み会」などが流行っていたようだが、とにかく**「人とのつながり」が薄れると、誰しも自身の立ち位置の脆《もろ》さを感じざるを得なくなる**のだろう。私の知人には、度重なる外出制限でうつを患った人もいる。

ネガティブな感情から心を守るもの

コロナ前、ちょくちょく開かれていた、とある飲み会があった。

私も楽しみにしていた集まりだったのだが、コロナ以降はめったに開かれなくなった。

コロナの制限が解除されて久しぶりにその飲み会が催されることになったが、どうしてもタイミングが合わなくて、欠席が続いてしまった。久しぶりに顔を出すと、主催者が、

「やったー！　エスパーが来てくれた！　エスパーが来ないと不安になるんだよね。魔除けというか招き猫というか」

と、歓迎してくれた。日本のある方面のトップの方なのだが、最大限の賛辞だなと、本当にうれしかった。

近年、地震や豪雨などの災害が立て続けに日本列島を襲っている。本当に多くの人が被災されていると思う。能登の災害で心を痛めていた頃、テレビをつけると、被災者の一人が、

「近所の人の顔を見て、話をして、初めてホッとできた」

という話をしていた。

人とのコミュニケーションは、心に活力を与え、ネガティブな感情を防いでくれると感じたものだ。

前述した通り、定年退職した途端に、エネルギーが発散されなくなる人は多い。それは、**人間からしか得られないエネルギーが、確実にある**からだ。

毎日、会社のメンバーと顔を合わせ、仕事上の打ち合わせをするだけでも「気のやりとり」が生じて自分の中のエネルギーが活性化するものだ。

私は、目に見えない力がみなぎっているパワースポットを大事に思っているが、同じくらい**「人間から受けるパワー」**も重要視している。だからこそ、

「飲みに行こうよ！」

などと誘われたら、なるべく顔を出すようにしている。そして、パワースポットを巡るときもツアーを組むなどして、なるべく人と関わるようにしているのだ。

「悪の誘惑」を遠ざけられる人、はまってしまう人

ここ数年で「闇バイト」という単語が定着した。

警視庁のホームページによると、闇バイトとは、ＳＮＳやインターネットの掲示板などで、「短時間で高収入が得られる」といった甘い言葉で人を募集し、詐欺の受け子や出し子、強盗の実行犯など、組織犯罪の手先として利用されてしまうアルバイトのことだ。「闇バイト」に手を染めてしまう人たちの若年齢化も問題視されている。

ニュースを見ていると、連日のように十代の少年らが凶悪事件の実行犯として逮捕される姿が映し出されるが、これは国としても大変危険な状態だと思う。

昔は犯罪に手を染める若者といえば、見た目も行動もアウトローなタイプで、言葉を選ばず言うと「社会からはみ出た存在」「裏社会に足を踏み入れてしまった人間」

だった。ごく普通の学生が犯罪者になる、などということは皆無だったといえるだろう。

しかしインターネットの普及でＳＮＳが社会中に広がると、年端もいかない若者が簡単に裏社会と接触できるようになった。つまり**犯罪者たちは、自分たちの手先を手軽に集められるようになった**のだ。

犯罪者たちは、

「未経験でも短時間で高収入が得られる」

「品物を受け取るだけで、即日現金をお渡しできる」

「身分証明書さえあれば、面接など一切なし」

といった、巧みな言葉で募集をかける。借金があるような、お金を渇望する若者は、こうしたキャッチコピーに簡単に飛びつく。このとき、うっかり身分証明書などを送ってしまうと、犯罪と気づいて「やめたい」と思っても、家族など大切な人を盾《たて》に犯罪グループから脅されることになる。

最終的には犯罪者に仕立て上げられ、犯罪で得た現金を巻き上げられ、使い捨てにされてしまう。

恐ろしいのは、スーパーやコンビニなど一般店舗でも手に入るアルバイト情報誌にも、「闇バイト」の勧誘の募集が掲載されていることだ。

「年配者の助言」と「家族の結束」による結界

こういう話を耳にすると、

「どうして、子どもが犯罪に手を染める前に守れなかったのか」

と、もどかしくなる。こうした事件を防ぐには、どうしても身のまわりの大人、できれば親の介入が不可欠だ。

「年長者の助言による結界」とでもいおうか。

その一方で、なんと高齢者が知らず知らずのうちに闇バイトに手を染める事件も増えてきているという。

こうした犯罪に引きずり込まれてしまう人たちは、家庭内がうまくいっていないケースが多いようだ。

できれば家族の結束を強めることだが、それが望めないなら代わりとなるつながりが不可欠だと思う。

悩んだとき、駆け込み寺になるようなコミュニティが、だ。

ただ、繰り返すが、ここで大切なのが「ひとつのコミュニティにこだわらない」ということだ。矛盾するようだが、「ゆとりのなさ」は人を孤立させる。何事もバランス感覚が大事ということだ。

知性は「最高の結界」になる

「悩んだとき、駆け込み寺になるようなコミュニティが必要」と書いたが、一方で、すがるような気持ちでマルチやカルトなどの組織に入ってしまえば、さらに深い苦悩を抱えることになるだろう。

そして、こうした組織は、「周囲とのつながりが薄そうな人」をこそ、抜け目なく狙うのだ。

そこで求めてほしいのが、**知識**だ。

知識といっても、私は子どもには「本を読め」「いい映画を観ろ」としかアドバイスをしていない。

本を読んだり映画を観たりすることによって、社会に対する解像度がある程度高ま

るからだ。

また私は、年配者の話は聞いて損はないと感じている。そこには経験と、経験から得た知識と知恵があるからだ。**人間にとって一番の武器は、知識と経験**だ。これらは武器になり結界にもなる。

もちろん本や映画で得られる知識は、実際に体験することと比べると、ささやかなものだ。それでも、知らないよりは知っておいたほうがいい。

騙されない、付け入らせないパワーの源泉

また、子どもには口うるさく言ってはいないが、**勉強に精を出すことも結界を張ることになる**と思う。

そして、もし子どもに勉強してほしければ、「勉強しなさい」とガミガミ言うより、親が勉強する姿を見せるほうが手っ取り早い。

本を読む、投資の勉強をする、新しいスキルを身につけるなど、なんでもかまわない。とにかく挑戦する姿勢、努力する背中を見せれば、子どもも「勉強するのは自然

なこと」だと受け止める。

子は実によく、親の背中を見ているものだ。


知性は最高の結界になる。


そして、「類は友を呼ぶ」の言葉通り、知性的な人は同じように知性的な人とつながるものだ。そうした人たちからは「いい知恵」をもらえることもあるし、「ここだけの話」などの情報を聞かせてもらえることもある。

つまり、人生を有利に渡っていける確率も高まるのだ。

また、知性を磨くことは騙されないことにもつながるし、悪しきものに付け入る隙を与えないことにもなる。それは人間的な意味でも、霊的な意味でもだ。

つまり、**「守りが盤石になる」**ということだ。


拙著『知らずにかけられた呪いの解き方』でも書いたが、嫉妬などの念を受けるとダメージを受ける。しかし常に勉強をし、教養を深め、自分に集中していると、そんな邪念などはねのけてしまう。事実、私のまわりで軌道に乗っている人は、実によく

「勉強」をしている。

あなたも、思い浮かべる人がいるだろう。

「何かに夢中になっている人」「自分の目標に打ち込んでいる人」は、まわりの思惑や嫉妬など気にもかけないものだ。

Column

慶應の三田会になぜ、あれほどのパワーがあるのか

二〇二三年の夏の甲子園では神奈川代表の慶應義塾高校が優勝したが、慶應のOBたちが甲子園球場に馳《は》せ参じ、異様とも思えるような応援が展開された。対戦相手は応援の声に圧倒されて、気おされてしまった場面もあったようだ。

そんな様子をテレビで観ながら、慶應のコミュニティの強固さに改めて驚かされもした。そして、対戦相手に「アウェー感」を覚えさせるという意味で、最強の結界だなと思ったものだ。

慶應といえば、真っ先に思い浮かぶのが同窓会である**「三田会」**の存在だ。

テレビ局や雑誌社に出入りをしていると、頻繁に耳にするコミュニティだが、事実、

「最強の同窓会」組織ではないかと感じることがある。

こうした**母校愛は、一種の結界**になると思う。

ある程度の規模の会社になると、「○○大学派」「△△大学派」といった学閥の存在を耳にすることがある。

私などはバカバカしいと相手にしないクチだが、たとえば「三田会に属している」ということが精神の安定に寄与している人も多いようだ。

いい学校、いい会社に入るとは、「強い結界の中に入る」ということでもある。だから「なるべくいい学校、いい企業の一員になりたい」と思う気持ちを否定する気はない。

親であれば、なるべく強い結界の中に子どもを送り込みたいという心情も理解できる。

事実、だらしないと感じていた人でも、

「あの人は、○○大学出身だそうよ」

「あの◎◎社に勤めているらしいよ」

という言葉で、眩《まぶ》しく思えるようになったことはないだろうか。気おくれすら感じてしまったこともあるかもしれない。

これなども、組織が作り出している「結界」効果を感じている証左だろう。

最近は、企業でも「アルムナイ」制度といって、一度退職した人が戻ってきやすいような制度を整えているところがあるという。

もし読者がそのような会社に勤めていて退職するようなことがあれば、アルムナイ制度に登録しておくことで、前職の結界にマイルドに守られることになるのだ。

どんなときも、守りは堅いに越したことはないだろう。

6章

最強の結界とパワースポット

「銀ブラ」は最高の結界強化法

私は「どの街が一番好きか」と聞かれたら、**「銀座」**と即答する。
ぶらぶらと歩いているだけでも、町が持つエネルギーがチャージされていく感覚が気持ちいいからだ。私はパワースポット巡りをライフワークにしているが、**プラスのエネルギーに満ちた銀座にいると、気力はもちろん、結界も強まる**のを感じる。

ご存じの通り、銀座は一流ブランドの旗艦店が軒《のき》を連ねる、世界でも屈指のラグジュアリーな繁華街だ。

近年はファストファッションなど低価格帯の商品を売る店舗も増えたが、歌舞伎座や能楽堂をはじめとする劇場や、街に点在するアートな空間、一流の名にふさわしい老舗《しにせ》店、道路を行き交う車などを見ていると、まだまだ「富裕層の街」だということを感じさせてくれる。

人生の価値は決してお金だけで決まるわけではないが、感度の高い富裕層の気を引くための最新で最上級の意趣がこらされた空間に身をおけば、年代や性別を問わず、自然とセンスも磨かれるだろう。その結果、発想力や企画力が高まるのはもちろん、人間的な魅力も磨かれていくのではないかと思う。

〝只者ではない〟天海が江戸に張り巡らせた結界

ところで、現在の場所に「銀座」ができたのは江戸時代。徳川家康の頃、駿府《すんぷ》にあった銀貨鋳造所をこの地に移したことが由来だという。

ちなみに徳川家康といえば、**天海僧正《てんかいそうじょう》**をブレーンに、江戸の地を一大風水都市に作り替えたことでも有名だ。開府の頃にできたさまざまな要所はどこも、思わず唸《うな》ってしまうほど、よく配置されている。

そもそも天海が只者ではなかったようだ。

天海は天台宗の僧だというが、その正体は明智光秀だという伝説もある、大変に興味深い人物だ。実際、空海の密教や神道、さらには風水、そして呪術にも精通していたという。

実は、私は前述した通り、風水をさほど重視していない。風水は中国大陸で生まれたものだからだ。

確かに「四神相応《しじんそうおう》」と呼ばれる、北に山、東に河川が流れ、西に街道があり、南に低地と大きな池があるといった地形が栄《さか》えやすいというのは理解できる。しかし鬼門や裏鬼門といった考え方は、中国にとって東北部にはモンゴル帝国、古くは匈奴《きょうど》の脅威があったからこそだ。

気候も風土も地理的環境も全く違う日本で、このすべてを踏襲することには疑問を覚える。

それを天海もよく理解していたのだろう。中国風水の学ぶべきところは取り入れる一方で、陰陽五行や方位学、言霊《ことだま》を駆使するなど、天海は独自性が強い。だからこそ、信用できる。

江戸の街は京都や奈良のように碁盤の目の区画を持たないが、**徳川幕府が二百六十年も続いたのも、日本が今なお平和でいられるのも、天海が引き出し、増幅させた土地のエネルギーがなせる業**だ。

現在の皇居は江戸城の跡地に位置するが、この江戸城の周囲には螺旋《らせん》状に主要な寺院や歴代将軍の墓が配置されるよう設計されている。だからこそ、今でも飛び抜けたパワーを放出している。

私は**「徳川家の所有地だった土地は、日光東照宮をはじめ、須《すべから》くパワースポットだ」**と思っているが、皇居はその最たる例である。

銀座でこそ味わえる「心地よい高揚感」

話を戻そう。

銀座は江戸の頃から、大変活気のあった街だという。

現在の銀座通りとみゆき通りの交差点には高級な呉服店が軒を並べ、周囲には、当時から美しく着飾った客たちを歓迎する芝居小屋が点在した。

観世《かんぜ》、金春《こんぱる》、金剛《こんごう》といった能役者たちの拝領屋敷もこの地にあり、歌舞伎役者や絵師、職人も好んで居を構えた。

東海道沿いということもあり、多くの旅人たちも行き交った。**運気が悪くなる理由がない**のだ。


そのため、私は身のまわりのものは、たいてい銀座で購入する。好んで飲みに行くのも銀座だし、映画などを観るのも銀座だ。

歩いてみて思うのは、それほど肩肘を張らなくても楽しめる街だということだ。

運気のチャージがてら出向いてみてはどうだろうか。


銀座はハードルが高いと敬遠してきた人も、カフェや喫茶店なら、手頃な値段でラグジュアリーな空間を楽しむことができる。ウィンドウ・ショッピングもいいが、せっかくならやはり買い物をしてほしい。

最近は銀座にもユニクロなど、年代を問わず入りやすい店舗も増えた。同じユニクロの商品を買うのなら、土地のエネルギーを吸い込んだ銀座のものを是非、だ。

伊東屋や鳩居堂《きゅうきょどう》で文具を買うのもいい。輸入品のカードや高級な万年筆、便箋、封筒などを眺めているだけでも目に楽しいし、気分が上がってくることだろう。

ちょっとしたお菓子を自分や家族のために買って帰るのもいい。帰る頃にはヘトヘトになっているかもしれないが、心地よい高揚感も共にあるはずだ。

「デパ地下のスイーツでお茶」の結界効果

銀座は遠すぎて行けそうもないという人は、自分が住む土地の周辺で**「ワンランク上だ」と感じられる場所**に行ってみることだ。

近年は業績的に振るわない場所も多いが、デパートが建つ土地は強いエネルギーを持つことが多い。

ウィンドウ・ショッピングをするのは気後れがするというのなら、いわゆる「デパ地下」でおいしいものを買って帰るといいだろう。多少値は張るが、コンビニやスーパーのお手頃スイーツを数回我慢すれば、買えない値段ではない。

そして家に持ち帰ったら、ちょっといい茶器にお茶を入れて、ゆったりした気持ちで味わう。テーブルに花が飾ってあれば完璧だ。花は何でもいいのだが、自分の好きな花、ラッキーカラーの花であれば、なおいいだろう。

とにかく「意識的に」身のまわりを整えることで、結界は強化される。

さらに、親しい人に「おいしかったので、あなたにも食べてほしい」と送れば、それは**親しい人の結界を強化する**ことにもなる。

私は、お世話になった人へのお礼は新宿伊勢丹で購入すると決めている。それは、この土地のいい「気」も一緒に取り入れてほしいと願うからだ。

私がパワスポ巡りをする理由

私が銀座以外で足繁《あししげ》く訪れる場所がもうひとつある。**浅草**だ。

ここ数年、外国人客がどっと増え、ゆっくり巡ることが難しくなってきたが、それでも定期的に浅草へ行き、お気に入りの場所でパワーをチャージしている。

浅草で強いパワーが感じられる場所をいくつか挙げると、**浅草寺**《せんそうじ》、**被**《ひ》**官稲荷**《かんいなり》**神社**、**待乳**《まつち》**山聖天**《やましょうでん》といったところだろうか。

都内や日本各地のパワースポットについては、著書『エスパー・小林の「運」がつく人「霊」が憑《つ》く人』『エスパー・小林の超開運案内』（以上、三笠書房《王様文庫》）で詳しく述べているので、参考にしてみてほしい。

また、これらの本を執筆した以降にも、地図を眺めたり、実際に足を運んだりする中で、新しいパワースポットをいくつも発見している。詳しく知りたい人は、時々イベントを開いているので、のぞいてくれるとありがたい。

✡「霊感」を強めるために私がしていること

こうしたパワースポットに行くと、私はさまざまなアクションをするが、そのひとつが**逆腹式呼吸**と**瞑想**だ。

逆腹式呼吸、つまり息を吐きながらお腹を膨らませ、息をすべて吐ききったらお腹をへこませて息を吸い込む。といっても私は日頃から逆腹式呼吸を心がけている。こうすることで、霊感も強くなるからだ。

ちなみに霊感が強まるのは、ある程度霊感がある人だけだ。ゼロの人に霊感が生まれることはないということは、断っておきたい。

ちなみに、私の逆腹式呼吸は鼻からではなく、口からする。

というのも、私は普段から意識して鼻から呼吸をしないようにしている。理由はひとつで、鼻で呼吸をすると、どうしても匂いがついてくるからだ。

私は仕事上、匂いを完全シャットアウトする必要性に迫られることがある。

以前、テレビ番組の企画で富士の樹海で死体探しをしたことがあった。昔はこうした露悪的な番組がいくつかあった。

腐乱死体を発見し、スタッフたちが吐き気をもよおしている中、私だけが平気だった。鼻での呼吸をしないからだ。だからこそ、生前どんな人だったのか、怯《ひる》まず霊視することができた。あの匂いを嗅《か》いだら、さしもの私でも仕事はできなくなったことだろう。おかげで撮影後、私だけご飯を食べることができた。

思い返すと、当時はありとあらゆることをテレビはやらせてくれたなあと思う。視る必要がないものも視たし、躊躇《ちゅうちょ》するような霊視も勉強だと思ってやった。その分、自分の霊力は高まり、結界も強まった。

レベルを上げるためには、厳しいと思えるハードルを越えないと無理だ。

ハードルを上げると次のハードルが現われるが、それをクリアしていくと、自分のレベルも上がっていく。そうなると楽しいと思える仕事もやってくるのだ。

結界を強めるパワースポットとは

日本史をふり返ったとき、**空海と役行者《えんのぎょうじゃ》**の霊力は頭抜けていただろうと私は思っている。

空海に縁のある場所の中でも、特にいいなと感じているのは、京都の二条城のそばにある**神泉苑《しんせんえん》**だ。

神泉苑には、空海が淳和《じゅんな》天皇の命を受けて雨乞いの祈禱《きとう》を行ない、善女龍王《ぜんにょりゅうおう》を勧請《かんじょう》して雨を降らせたという伝説が残っている。このような**空海の不思議な力によって水が湧き出した、などの伝説が残る場所にハズレはない。**

であれば、四国八十八カ所巡りは最高のアクションなのではないかと思われるかもしれないが、残念ながらそうとも言い切れない。

環境の変化や管理者の影響もあり、当時のパワーが残っている場所は三分の一もないと思うからだ。もちろん、お遍路《へんろ》さんとして巡礼することを否定はしないが、縁のある場所のすべてがいいとは言い切れないのが現状だ。

同様に、聖地や霊山と呼ばれる場所でも、エネルギーが全く感じられない場所はいくつもある。

かつて修験者《しゅげんじゃ》たちが修行した時代には確かにエネルギーが噴出していたのかもしれないが、「現在は枯渇しているな」と感じられるところは多々ある。その一番いい例が高尾山《たかおさん》だ。

「霊山だ」などとありがたがる人は多いが、スピリチュアル的なパワーを望むのであれば、残念ながら期待はずれとなってしまうだろう。

もちろん、ハイキングに行く分には否定しない。登頂すれば清々しい気分にもなれるだろう。都心からアクセスのよい場所にありながら自然が豊かで空気もキレイで、散歩するのにちょうどいい距離と高さだとは思う。

ただ、私は高尾山には行かないし、同様の理由で明治神宮にも成田山にも行かない。

縄文時代の遺構、富士塚はおすすめ

であれば、どこがいいのか。

簡単に言うと、**皇室ゆかりの場所**、**徳川家ゆかりの場所**、そして**空海と役行者ゆかりの場所**だ。秋田県鹿角《かづの》市にある大湯環状列石など、**縄文時代の遺構**があるところもいい。それなりの霊能力を持つ人によって選ばれた場所だからだ。

「富士塚」とつく場所も、総じていい気に満ちている。都心であれば、千駄ヶ谷の鳩《はとの》森八幡《もりはちまん》神社の富士塚などは訪れやすいだろう。

食事や休憩をするなら、地域のラグジュアリーホテルのラウンジもいい。

そして、これらの場所に行ったら、何らかの「記念」を持ち帰ってほしい。落ち葉や小石を拾うのもいいし、写真を撮るのでもいい。お守りや、お菓子を購入してもいい。「その場所での出来事を追体験できるようなもの」を持ち帰ることで、そのときのプラスのエネルギーを持続できるはずだ。

地域のお祭りでエネルギーをチャージ

プラスのエネルギーというと、**お祭りに参加**することでも得られる。

多様性が謳《うた》われるようになったからなのか、近年「特定の宗教だけ特別視するのはよくない」と、地域のお祭りを廃止しようという動きがあちこちで見られるのだという。「盆踊り」が「納涼祭」と名称を変えられたり、京都三大祭の一つ、「時代祭」ですら、

「神道は天皇崇拝だ。この多様性の時代、特定の宗教のお祭りにだけ税金を投入するのはおかしい」

と、廃止せよという意見が出始めたりしているのだそうだ。

ただ、私はこの「祭り」こそ、人々に目に見えないエネルギーを与え、結界を強固にする儀式だと思っている。

日本人は地域の祭礼をそれは大切にしてきた。どんな辺鄙《へんぴ》な場所でも、人がいる限

り神様が存在し、神様を讃えるお祭りが執り行なわれる。

意味がないものなら、とうの昔に終わっている。今なお受け継がれているのは、それなりの人が効果を感じているからだ。

私は神の存在を信じているわけではないが、人智を超えた何かの存在は、身に染みてわかっている。

だから私は、「雑踏は苦手だ」と文句を言いつつも、何かとお祭りに出向く。特に浅草には、「何でこんなに人が来るかな」と文句を言いながらも、エネルギーにあやかりたくてしばしば出かける。

そういう意味では、引っ越しをするなら「お祭りに力を入れている地域」を視野に入れるのもいいかもしれない。

古くからの守り神を大切にしている土地のエネルギーは、やはり強いものだ。

「特殊な運気」を持った日本

パワースポットといえば、実は私は**日本こそパワースポット**だと思っている。

この国は、いかなるピンチに見舞われても切り抜けられる不思議な運を持っている。

古くは元寇《げんこう》に始まり、南蛮貿易とキリスト教の布教時、明治維新のときなど、**いつ属国になってもおかしくない状況**だった。第二次世界大戦の敗戦時もそうだ。

国難に見舞われると、日本にはなぜか強烈なリーダーが現われる。

「神の国」といった、大層なことを言う気はないが、**特殊な運気**を持っていることは、常に感じている。

もちろんそれは、地理的な条件が大きい。**海がいわば、大きな結界になっているの**

だ。

文永《ぶんえい》・弘安《こうあん》の役とも呼ばれる十三世紀後半の元寇がいい例だ。

モンゴル帝国が西へ西へと進撃し、ユーラシア大陸を飲み込んでいた時代、戦慣れしていた国ですら大惨事に見舞われていた。

攻撃の矛先《ほこさき》は日本にも向けられ、大船団で襲来してきたが、激しい攻防の末、ご存じの通り暴風雨（神風）によって元を退けることに成功している。

海を渡っての攻撃は、想像をはるかに超えて難しいのだ。

「意識するだけ」でも結界は生み出せる

今、中国の脅威が叫ばれているが、今のところ中国に日本に攻め込むだけの戦力は、実はない。中国は港が限定されていることも大きい。

唯一、アメリカだけがその戦力を持ち得ているが、日本と軍事協定を結んでいることもあり、基本的には安全だ。

しかし、対立を深める米中の戦争に日本が巻き込まれる可能性はゼロではない。それでも、日本が近い将来、敗戦を喫する未来は視えない。

危機といえばここ数年、首都直下地震や富士山の噴火の可能性について頻繁に聞かれるが、少なくともここ数年は、私にはそうした未来は視えない。もちろん、地震や自然災害には残念ながら見舞われることもあるだろう。しかし、国家が傾くレベルの厄災は降りかからないと思っていい。

本書を読むことで「結界」というものを意識し、自分のまわりを強固にしたいと感じたのなら、今日からでも何らかのアクションを起こしてほしい。

意識をするだけでも「結界」を生み出すことはできる。

あなたに結界というバリアを張り、あなたを幸運に導けるのは、あなた自身なのだ。

〈了〉

本書は、本文庫のために書き下ろされたものです。

運気《うんき》を上《あ》げる結界《けっかい》の張《は》り方

著　者　エスパー・小林（えすぱー・こばやし）
発行者　押鐘太陽
発行所　株式会社三笠書房
〒102-0072　東京都千代田区飯田橋3-3-1
https://www.mikasashobo.co.jp
印　刷　誠宏印刷
製　本　ナショナル製本

ISBN978-4-8379-3113-3　C0130

本書へのご意見やご感想、お問い合わせは、QR コード、
または下記 URL より弊社公式ウェブサイトまでお寄せください。
https://www.mikasashobo.co.jp/c/inquiry/index.html

王様文庫

王様文庫

知らずにかけられた呪いの解き方

エスパー・小林

土地、因縁、血脈……身近にある「魔」を、あなどる勿《なか》れ！「邪」をはね返し、運気を盛んにする方法を伝授！ ◎「魔」を呼び寄せる空間がある ◎心霊写真―「本当にヤバい霊」の場合 ◎私が女性に真珠、ダイヤをすすめる理由……この本は、「読むお守り」になる！

眠れないほどおもしろい「密教」の謎

並木伸一郎

弘法大師・空海の息吹が伝わる東寺・国宝「両界曼荼羅図」のカラー口絵つき！ 真言、印、護摩修法、即身成仏……なぜ「神通力」が身についてしまうのか？ 密教の「不可思議な世界」を堪能する本！「呪術・愛欲の力」さえ飲み込む驚異の神秘体系をわかりやすく解説！

眠れないほど面白い空海の生涯

由良弥生

驚きと感動の物語！「空海の人生に、なぜこんなにも惹かれるのか」――。弘法大師の野望と愛欲、多彩な才能。仏教と密教。そして神と仏。高野山開創に込めた願い。知れば知るほどすごい、1200年前の巨人の日常が甦る！ 壮大なスケールで描く超大作。

K30677